中华人民共和国行业推荐性标准

公路土工合成材料应用技术规范

Technical Specifications for Application of Geosynthetics in Highway

JTG/T D32—2012

主编单位:招商局重庆交通科研设计院有限公司
批准部门:中华人民共和国交通运输部
实施日期:2012 年 08 月 01 日

人民交通出版社

图书在版编目(CIP)数据

公路土工合成材料应用技术规范：JTG/T D32—2012
/ 招商局重庆交通科研设计院有限公司主编. --北京：
人民交通出版社, 2012.7

ISBN 978-7-114-09908-3

Ⅰ.①公… Ⅱ.①招… Ⅲ.①道路工程—土木工程—
合成材料—技术规范 Ⅳ.①U414.1-65

中国版本图书馆CIP数据核字(2012)第141398号

中华人民共和国行业推荐性标准
公路土工合成材料应用技术规范
JTG/T D32—2012
招商局重庆交通科研设计院有限公司 主编
人民交通出版社出版发行
(100011 北京市朝阳区安定门外外馆斜街3号)
各地新华书店经销
北京市密东印刷有限公司印刷
开本:880×1230 1/16 印张:7 字数:142千
2012年7月 第1版
2025年12月 第9次印刷
定价:50.00元
ISBN 978-7-114-09908-3

中华人民共和国交通运输部

公　　告

2012年第17号

关于公布公路土工合成材料应用技术规范的公告

现公布《公路土工合成材料应用技术规范》(JTG/T D32—2012),自2012年8月1日起施行,原《公路土工合成材料应用技术规范》(JTJ/T 019—98)同时废止。

该规范的管理权和解释权归交通运输部,日常解释和管理工作由主编单位重庆交通科研设计院有限公司负责。

请各有关单位在实践中注意总结经验,及时将发现的问题和修改意见函告重庆交通科研设计院有限公司(地址:重庆市南岸区学府大道33号,邮政编码:400067),以便修订时参考。

特此公告。

中华人民共和国交通运输部

二〇一二年六月五日

主题词:公路　土工合成材料　规范　公告

交通运输部办公厅　　2012年6月6日印发

前　言

《公路土工合成材料应用技术规范》(JTJ/T 019—98)(简称“原规范”)于1999年初作为行业推荐性标准颁布实施。原规范自实施以来,积极地推动和指导了土工合成材料的应用,解决了众多工程技术难题,对保证工程质量起到了积极作用,也促进了土工合成材料的发展。土工合成材料已成为继水泥、钢材、沥青后的第四大公路建筑材料。

这些年来,无论是土工合成材料的品质和品种规格,还是土工合成材料的工程应用,都有了很大的发展,原规范已难以满足工程建设与养护的需要,需求与技术标准之间的矛盾日渐突出。为此,交通运输部于2009年下发了《关于下达2009年度公路工程标准制修订项目计划的通知》(厅公路字〔2009〕190号),下达了《公路土工合成材料应用技术规范》的修订任务。招商局重庆交通科研设计院有限公司作为主编单位编制完成了《公路土工合成材料应用技术规范》(JTG/T D32—2012)(简称“本规范”)。

在修订过程中,编写组收集了有关标准、指南、手册,广泛借鉴了国内外的先进技术与经验,特别是2000年以来西部交通建设科技项目的有关科研成果,以及我国公路部门在公路路基、路面、地基处理等工程中应用土工合成材料进行加筋、排水、防护等方面的成功经验,在广泛征求意见和听取各方面建议的基础上,几经修改补充,完成了规范的修订任务。

本次规范修订工作可概括为调整完善和补充两大方面。与原规范相比,本规范进一步完善了路堤加筋的稳定性计算方法、加筋材料的安全系数、坡面防护结构形式及要求,土工合成材料在路面裂缝防治中的应用条件、材料与施工要求,土工合成材料应用的质量管理及检查验收;补充了新的防排水材料及其相关的材料要求、工程应用、应用形式,土工格室、植生袋、土工格栅喷射混凝土坡面防护措施;新增了路基不均匀沉降防治、防沙固沙、膨胀土路基处治、盐渍土路基处治等章节。

本规范分12章和1个附录,主要包含路基加筋、路基防排水、路基防护、路基不均匀沉降防治、防沙固沙、膨胀土路基处治、盐渍土路基处治与构筑物表面防腐、路面裂缝防治,以及土工合成材料应用的质量管理及检查验收等内容,对土工合成材料应用于公路工程的设计、施工、质量管理与验收等都作了较为具体的规定。对其他规范已经涉及,并阐述得比较清楚的内容,本规范不再涉及,如《公路隧道设计规范》(JTG D70—2004)涉及的一些防排水材料等。应用时,可参考相关规范。

为使本规范更好地适应土工合成材料应用技术发展的需要,尚需结合各地实际情况,不断积累资料、总结经验,使之日臻完善。请各单位将使用中发现的问题和建议及时函告招商局重庆交通科研设计院有限公司(地址:重庆市南岸区学府大道33号,电话:023－62653085,邮编:400067),以便下次修订时参考。

主 编 单 位：招商局重庆交通科研设计院有限公司
参 编 单 位：长沙理工大学
中交第二公路勘察设计研究院有限公司
湖南省交通科学研究院
同济大学
主要起草人：邓卫东 郑健龙 吴万平 郑 治 李志勇
薛 明 严秋荣 邹维列 刘朝晖 陈 芳
阮艳彬 冯守中 邹静蓉 董 城

目　　录

1　总则

1.0.1　为规范土工合成材料在公路工程中的应用，满足工程安全可靠、经济合理的要求，制定本规范。

1.0.2　本规范适用于各等级公路工程。

1.0.3　应用土工合成材料的公路工程，应遵循因地制宜、合理取材、有利施工、方便养护的设计原则，根据公路等级及所处地质、水文、气候等条件进行方案比选，做到安全环保、经济适用。

1.0.4　用于公路工程的土工合成材料应符合国家和行业有关产品标准及环境保护的要求，根据应用目的、工程特性、所处的环境条件和材料性能进行材料选择。

1.0.5　应加强土工合成材料在运输、工地储存、施工中的管理。施工中，应合理选择施工机具，减少施工对土工合成材料的损伤；用于隐蔽工程的土工合成材料，铺设后应及时回填、覆盖。

条文说明

不同的碾压机具对土工合成材料的损伤不同，光面压路机对土工合成材料损伤较小，羊足碾、冲击式碾等压路机可能造成土工合成材料较严重的损伤。因此，在施工中应注意施工机具的选择，减少对土工合成材料的损伤。

用于隐蔽工程的土工合成材料大部分为聚乙烯和聚丙烯类等高分子材料，紫外线照射下易老化，因此，对于加筋、防排水、特殊路基处治等隐蔽工程，要求铺设土工合成材料后应及时回填、覆盖。

1.0.6　应用土工合成材料的公路工程，除应符合本规范的规定外，尚应符合国家现行有关标准的规定。

2 术语

2.0.1 土工合成材料 geosynthetics

工程建设中应用的以人工合成或天然聚合物为原料制成的工程材料的总称，其主要品种有土工织物、土工膜、土工复合材料、土工特种材料等。

条文说明

土工合成材料品种多，选用基材复杂，制造方式也千差万别，因此，很难从某一角度(如基材种类、制作方法、组成形式或作用等)给土工合成材料下一确切定义，其分类也存在同样困难。本定义是参照《土工合成材料应用技术规范》(GB 50290—98)做出的。

2.0.2 土工织物 geotextile

透水性的平面土工合成材料(又称土工布)。主要包括无纺(非织造 non-woven)土工织物、有纺(织造 woven)土工织物。

无纺土工织物是由短纤维或长丝按定向排列或非定向排列结合在一起的织物。

有纺土工织物是由纤维纱长丝按一定方向交织而成的织物。

2.0.3 土工膜 geomembrane

由聚合物制成的一种相对不透水的薄膜。

2.0.4 排水板(带) drainboard

由不同凹凸截面形状、具有连续排水通道的合成材料芯材，外包无纺土工织物构成的复合排水材料。宽度大于100mm的称为排水板，小于或等于100mm的称为排水带。

条文说明

对板、带的划分主要参照了“公路工程土工合成材料系列标准”中的《公路工程土工合成材料 塑料排水板(带)》(JT/T 521—2004)。

2.0.5 长丝热粘排水体 drainage of hot agglutinated thread

由高分子聚合物长丝经热粘堆缠成不同形状的排水芯材，外包土工织物构成的复合排水材料，又称速排龙或塑料排水盲沟。

2.0.6　透水软管　osmosis water hose pipe

以经防腐处理、外覆高分子聚合物的弹簧钢丝或其他高强材料丝为骨架，外包土工织物构成的复合排水材料，又称软式透水管。

2.0.7　透水硬管　osmosis water rigid pipe

以高分子聚合物或其他材料制成的多孔管材为芯材，外包土工织物构成的复合排水材料，又称硬式透水管。

2.0.8　缠绕式排水管　wound drainage pipe

聚乙烯或其他高分子材料挤出的带材，或在其中加入其他材料的带材，经缠绕焊接制成的排水管材。

2.0.9　土工格栅　geogrid

具有较高强度，其开孔可容周围土、石或其他土工材料穿入，用于加筋的平面材料。包括塑料拉伸土工格栅、经编土工格栅、粘结或焊接土工格栅等。

2.0.10　土工带　geobelt

经挤压拉伸或再加筋制成的条带抗拉材料。包括塑料土工带、钢塑土工带等。

2.0.11　土工格室　geocell

由长条形塑料片材或在其中加入钢丝、玻璃纤维、碳纤维的片材，通过焊接、插件或扣件等方法连接，展开后构成蜂窝状或网格状的立体结构材料。

2.0.12　土工网　geonet

高分子聚合物经挤出制成的网状材料或其他材料经编织形成的网状材料。包括塑料平面土工网、经编平面土工网、塑料三维土工网、经编三维土工网等。

2.0.13　土工模袋　geofabriform

双层聚合化纤织物制成的连续或单独的袋状材料。可用高压泵将混凝土或砂浆灌入其中，形成板状或其他形状的防护结构。

2.0.14　泡沫聚苯乙烯板块　expanded polystyrene sheet(EPS)

由聚苯乙烯加入发泡剂膨胀经模塑或挤压制成的轻型板块。

2.0.15　植生袋　sacks containing seeds

采用孔隙率为70%～99.5%的多功能过滤毯状纤维，运用针刺法和喷胶法生产出的，内含草种、灌木种、培养料、保水剂和肥料等绿化辅料的袋状材料。

2.0.16 土工织物膨润土垫 geosynthetic clay liner(GCL)

土工织物或土工膜间包入膨润土或其他低透水性材料,并通过针刺、缝接或化学黏结制成的一种防水材料。

2.0.17 等效孔径 equivalent opening size

用于表示织物型土工合成材料孔隙大小的指标,又称表观孔径,系指织物孔径分布曲线中小于某一百分数对应的孔径。

条文说明

等效孔径是土工织物的一个特有概念,在美国也称为"表观孔径 AOS(apparent opening size)",常以 O_{95} 表示,系指在织物的孔径分布曲线中(图 2-1),对应于 95% 的那个孔径。也就是说,在织物大小不同的孔隙中,有 95% 的孔径小于该孔径。

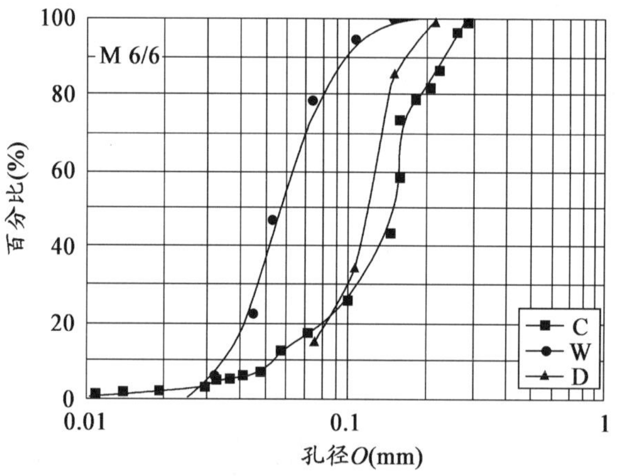

图 2-1 典型的孔径分布曲线(无纺织物)(Atmatzidis et al, 2006)

确定 O_{95} 值的方法有间接法(如干筛法、湿筛法)和直接法(如水银压入法、图像分析法等),用不同测试方法求得的孔隙分布曲线,有时可能差别很大。据试验,采用干筛法求得的等效孔径比湿筛法略大,可大 25% 左右。

2.0.18 特征粒径 indicative grain size

与某一筛余率对应的土粒径,用于表示土颗粒大小的指标。

2.0.19 极限抗拉强度 ultimate tensile strength

材料抵抗拉伸破坏的极限能力,又称断裂强度。数值上等于试样受单轴拉伸时,单位宽度的最大拉力。

2.0.20 延伸率 rate of elongation

材料试样受单轴拉伸时的伸长量与原长度的比值。

2.0.21　设计计算抗拉强度　design tensile strength

考虑设计使用年限内相关因素影响后取用的土工合成材料抗拉强度。

2.0.22　加筋　reinforcement

利用土工合成材料改善土体或结构的力学性能的行为。

2.0.23　过滤 filtration

土中呈渗流状态的流体流经多孔材料时，允许流体通过，把起骨架作用的固体颗粒截流下来的行为。

2.0.24　柔性支护技术　flexible reinforcement technology

以土工格栅为主要加筋材料而构建的具有良好整体性、可变形性和结构稳定性，且具有坡面防护和防排水功能的边坡综合处治技术。

3 土工合成材料及其工程应用

3.1 一般规定

3.1.1 土工合成材料可按表3.1.1进行分类。

表3.1.1 土工合成材料类型

	大类	亚类	典型品种
土工合成材料	土工织物	有纺(织造 woven)	机织(含编织)、针织等
		无纺(非织造 non-woven)	针刺、热粘、化粘等
	土工膜	聚合物土工膜	
	土工复合材料	复合土工膜	一布一膜、两布一膜等
		复合土工织物	
		复合防排水材料	排水板(带)、长丝热粘排水体、排水管、防水卷材、防水板等
	土工特种材料	土工格栅	塑料土工格栅(单向、双向、三向土工格栅)、经编土工格栅、粘结(焊接)土工格栅等
		土工带	塑料土工加筋带、钢塑土工加筋带等
		土工格室	有孔型、无孔型
		土工网	平面土工网、三维土工网(土工网垫)等
		土工模袋	机织模袋、针织模袋等
		超轻型合成材料	如泡沫聚苯乙烯板块(EPS)
		土工织物膨润土垫(GCL)	
		植生袋	

条文说明

本规范对土工合成材料的分类,主要参考了两个标准:其一是1999年颁布实施的国家标准《土工合成材料应用技术规范》(GB 50290—98),该标准的分类比较系统,总体上包含了在公路工程中应用到的土工合成材料;其二是从2002年起交通部陆续编制出版的“公路工程土工合成材料系列标准”,该系列标准对每一类材料进行了细分。

在本次分类中,将原规范的玻璃纤维网、高强聚酯长丝编织网划分到了格栅中,将土工垫划分到土工网中,是考虑到与“公路工程土工合成材料系列标准”相一致。

3.1.2 应根据工程设计与施工需要,对土工合成材料的物理性能、力学性能、水力学性能和耐久性能等性能指标进行检验。

3.1.3 土工合成材料性能指标测试应按现行《公路工程土工合成材料试验规程》(JTG E50)等相关规范、规程的规定进行,并应考虑工程实际条件,分析荷载、加荷速率、使用时间、温度、岩土体性质等工程环境对指标测定值的影响。对重要工程尚应进行现场试验。

3.1.4 土工合成材料运送过程中应有封盖,现场存放时应通风干燥,并远离火源,不得受日光照射和被雨水淋泡。

3.2 工程应用

3.2.1 土工合成材料可应用于公路路基、挡墙、路基防排水、路基防护、路基不均匀沉降防治、路面裂缝防治、特殊土和特殊路基处治、地基处理等工程中,可按表3.2.1的规定选择合适的土工合成材料。

表3.2.1 土工合成材料的工程应用

应用场合	宜采用的土工合成材料
路基加筋	土工格栅、土工织物、土工格室
地基处理	排水带、土工格栅、无纺土工织物、土工格室、泡沫聚苯乙烯板块(EPS)
路基防排水	排水板、排水管、长丝热粘排水体、缠绕式排水管、透水软管、透水硬管、复合土工膜、无纺土工织物、土工织物膨润土垫
路基防护	三维土工网、平面土工网、土工格室、土工模袋、植生袋
路基不均匀沉降防治	土工格栅、土工织物、土工格室、泡沫聚苯乙烯板块(EPS)
防沙固沙	土工格室、土工织物、土工格栅
膨胀土路基处治	土工格栅、无纺土工织物、复合土工膜
盐渍土路基处治与构筑物表面防腐	复合土工膜、土工织物、土工格栅
路面裂缝防治	无纺土工织物、玻璃纤维格栅

3.2.2 土工织物可用于两种介质间的隔离、路基防排水、防沙固沙、构筑物表面防腐、路面裂缝防治等场合;高强度的土工织物可用于加筋。

3.2.3 复合土工膜可用于路基防水、盐渍土隔离等场合。

条文说明

单纯的土工膜厚度薄、强度低,易刺破损伤,因此,在公路路基防水、盐渍土隔离等场合主要采用与土工织物复合的土工膜,如一布一膜或两布一膜等。

3.2.4 复合排水材料可用于地基处理和路基排水等场合。

1 排水带可用于插入软弱地基中进行固结排水。

2 排水板和长丝热粘排水体可用于路侧、路基内部、支挡结构墙后排水。

3 缠绕式排水管可用于路基内部排水。

4 透水软管可用于边坡仰斜排水,路基内部、支挡结构墙后排水。

5 透水硬管可用于路基内部、支挡结构墙后排水。

条文说明

复合排水材料种类较多,公路工程中应用的复合排水材料主要有排水板(带)、长丝热粘排水体、缠绕式排水管、透水软管、透水硬管等。

排水带(图3-1)是我国常用的排水材料,主要用于插入软弱地基中加速地基的固结排水,增强地基强度。

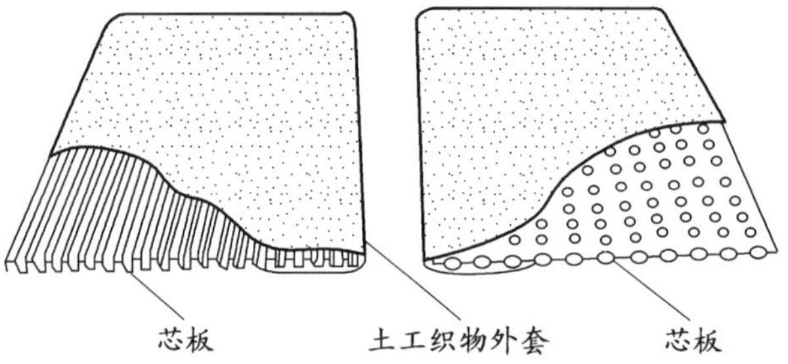

图3-1 排水带典型断面

排水板宽度可达50cm,不同芯材构成不同的排水板。其中,帽状芯材复合排水板(图3-2)比较典型,其由高强度的帽状芯材外包土工织物滤布组成,施工简便。排水板主要用于路侧排水、支挡结构内部排水。

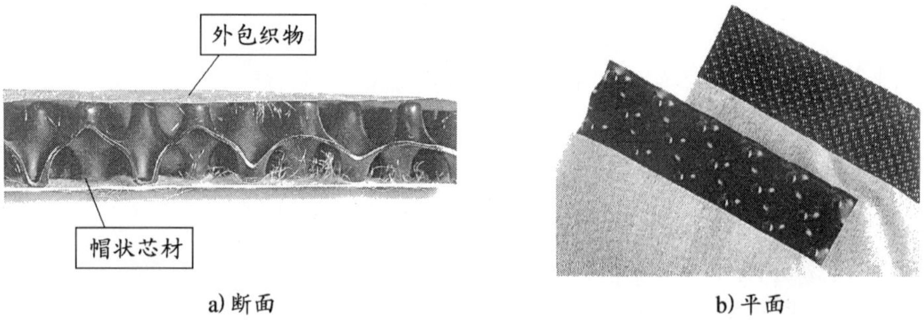

图3-2 帽状芯材复合排水板

长丝热粘排水体(图3-3)由高分子聚合物长丝热粘堆缠成不同形状的排水芯体,外包土工织物作滤材组成,即通常所称的速排龙或塑料盲沟,其强度较低,适应变形能力较差。

缠绕式排水管(图3-4)具有较高的环刚度,适应变形能力强,可形成各种不同的口径,主要用于工程内部排水。

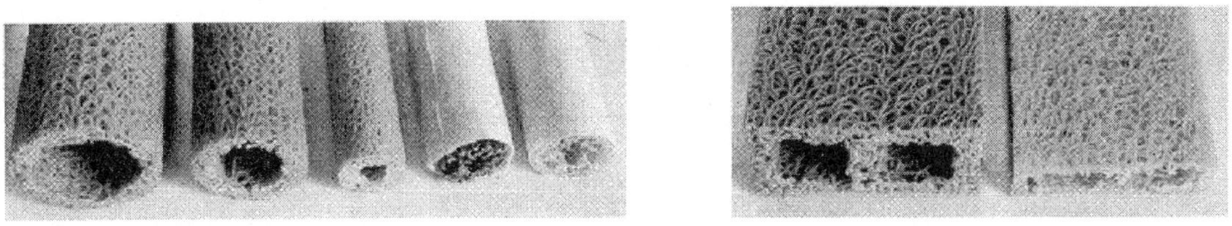

a) 圆形断面长丝热粘排水体　　　b) 矩形断面长丝热粘排水体

图 3-3　长丝热粘排水体

图 3-4　缠绕式排水管

透水软管(图 3-5)一般以镀塑的弹簧钢丝或其他高强材料丝圈为骨架,外包土工织物制成,即通常所称的软式透水管,管径一般为 30 ~ 150mm。其具有环刚度较高、适应能力强、易于安装的特点,主要用于路基边坡仰斜排水、路基支挡结构内部排水,以及与碎石渗沟联合使用增强渗沟排水能力等场合。

透水硬管(图 3-6)是以高分子聚合物或其他材料制成的多孔管材为排水芯体,外包土工织物作为滤材,组合成圆形排水体,目前在公路工程中应用不多。

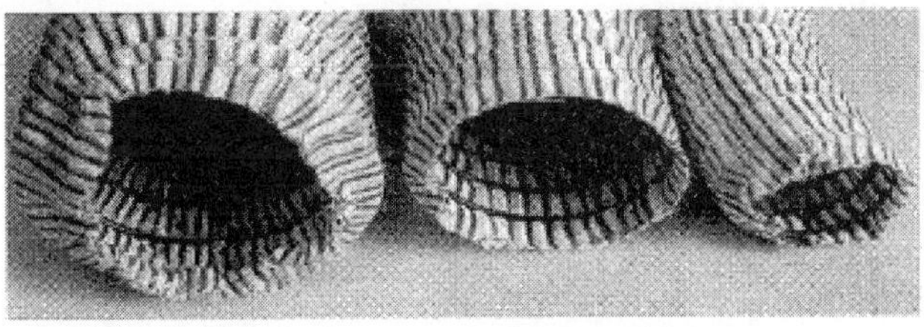

图 3-5　透水软管

图 3-6　合成树脂多孔硬管

3.2.5　土工格栅可用于路基加筋、路基不均匀沉降防治、特殊土路基处治、地基处理等场合。玻璃纤维格栅可用于路面裂缝防治。

条文说明

土工格栅(图 3-7)强度较高,且与岩土体有良好的相互作用特性,按受力性能一般分为单向、双向、三向格栅,按制造方法一般分为整体拉伸格栅、经编格栅、粘结与焊接格栅。

单向格栅纵向抗拉强度大,横向抗拉强度小,主要用于受力方向比较明确的加筋场合;双向格栅两个方向强度比较一致,主要用于需要考虑多方向受力或主受力方向不明确的场合。近年来,国内有关企业开发出了三向土工格栅,土工格栅各方向的特性更加一致,适用的场合也更广。

整体拉伸格栅为聚合物材料经过定向拉伸形成的平面网状材料;经编土工格栅为采用玻璃纤维、高强聚酯长丝等经过编织形成的平面网状材料;粘结、焊接土工格栅为合成材料条带或其复合材料(如钢塑复合)通过粘结、焊接形成的平面网状材料。

玻璃纤维格栅的主材是玻璃纤维,其强度高、极限应变小、耐高温,但易折断,目前主要用于沥青加铺层,防治和延缓路面反射裂缝。

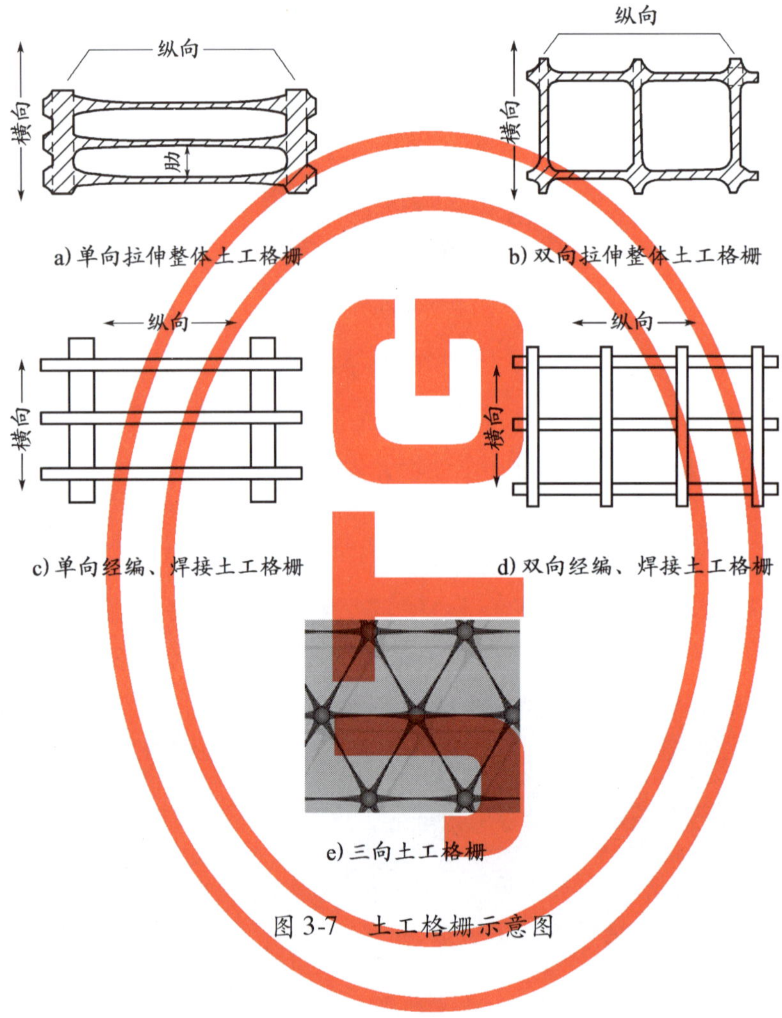

图 3-7　土工格栅示意图

3.2.6　土工带可用于有面板的加筋土挡墙。

3.2.7　土工格室可用于路基加筋、防沙固沙、路基防护等场合。

条文说明

在公路工程中,土工格室(图 3-8)主要有两种用途:其一是在格室内回填岩土后形成具有一定厚度、整体性较好的复合垫层,用于软基等不良地基顶部,形成施工平台,也起到加筋作用,高强度的土工格室可用于路基内部加筋;其二是在格室内回填种植土,形成具有一定厚度、利于植物生长的种植层,用于路基边坡生态防护。

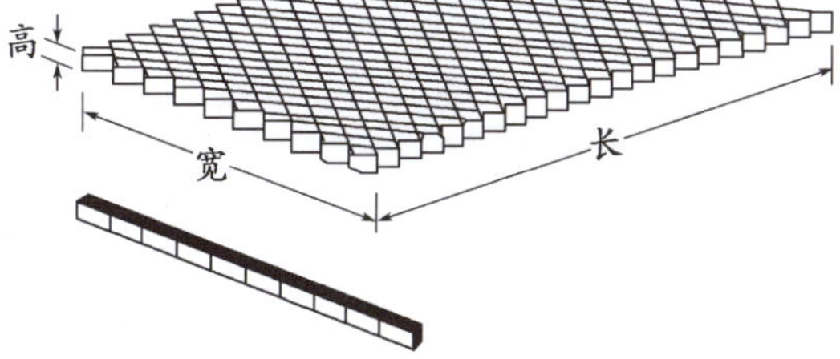

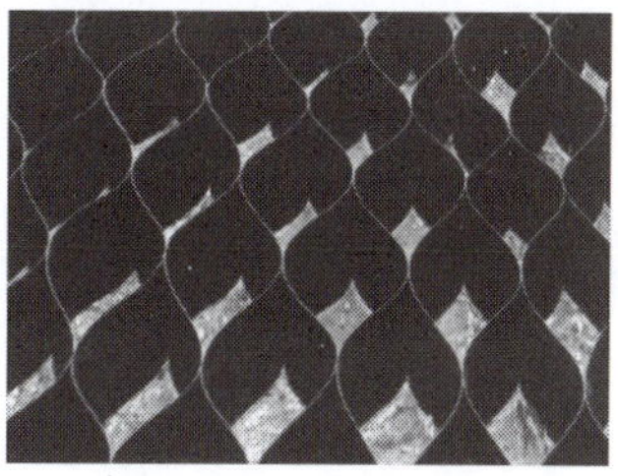

a) 土工格室结构　　　　b) 展开的土工格室

图 3-8　土工格室示意图

3.2.8　土工网和植生袋可用于边坡生态防护。

条文说明

土工网(图 3-9)按制造方法一般分为挤出网、经编网,按形状一般分为平面网、三维网。

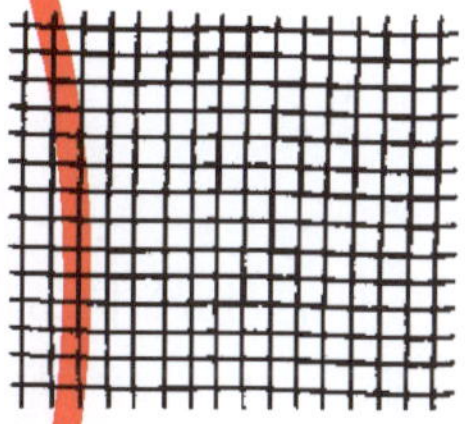

a) 不同开孔形状的塑料挤出平面土工网　　　　b) 经编平面土工网

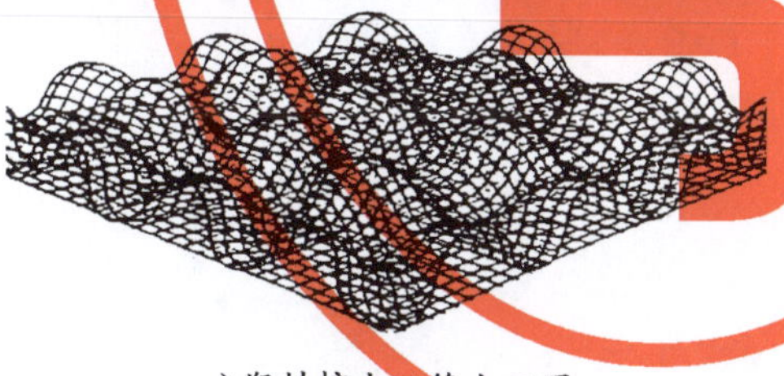

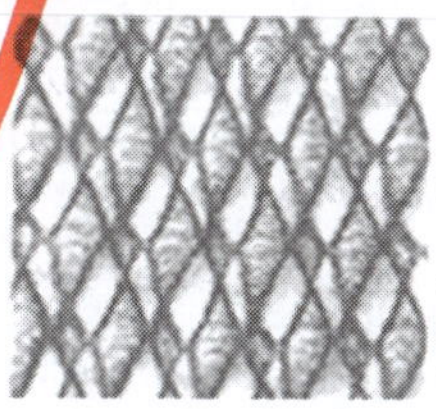

c) 塑料挤出三维土工网　　　　d) 经编三维土工网

图 3-9　土工网示意图

塑料平面土工网为以高密度聚乙烯(HDPE)或其他高分子聚合物为原料,经挤出成型的平面网状材料。经编平面土工网为采用玻璃纤维或高强聚酯长丝经编织机机制并经表面涂覆而成的平面网状材料。平面土工网虽然也是网状结构,但一般强度较低,延伸率较大,很少用于加筋。

塑料三维土工网为由一层或多层双向拉伸或挤出平面底网,表面点焊一层或多层非拉伸挤出网,形成表面凹凸泡状的多层网状材料。经编三维土工网是以塑料长丝或可降解纤维为原料经编织而成的三维网状材料。三维土工网(土工网垫)具有一定的厚度(一般为 8 ~ 12mm),强度较低,延伸率较大。

3.2.9 土工模袋可用于路基冲刷防护等场合。

条文说明

在土工模袋(图3-10)中充填混凝土、水泥砂浆或砂形成的土工模袋护面结构,特点是可以在水下施工,无须做围堰或断流,可按工程要求预制成不同大小和不同厚度的几何形状,尤其适合于复杂起伏地形。

图3-10　土工模袋

3.2.10 泡沫聚苯乙烯板块(EPS)可用于桥头或软基路段,以及需要减载的场合。

条文说明

泡沫聚苯乙烯板块具有密度小、易于安装的特点,其密度一般为20~40kg/m^3,是一般压实填土密度的1/100~1/50。

3.3 材料选择

3.3.1 应根据实际工程的土质条件、酸碱度、使用状态,选择性能匹配的土工合成材料。

3.3.2 采用聚乙烯、聚丙烯(丙纶)材料制成的土工合成材料可用于酸、碱的化学环境中,不宜用于长期直接暴露于阳光的环境中。确需长时间在直接暴露于阳光下的环境中使用时,应选择添加了抗老化剂的品种。

条文说明

聚乙烯类土工合成材料包括聚乙烯土工膜、聚乙烯土工格栅、聚乙烯薄膜等,具有较强的化学稳定性和极好的耐低温特性。聚丙烯类土工合成材料包括聚丙烯土工布(也称丙纶土工布)、聚丙烯土工格栅等,具有较强的化学稳定性和耐酸碱特性。

这两类材料的抗光老化性能较差,因此由聚乙烯、聚丙烯制成的土工合成材料抗光老化性能较差,但通过添加适量炭黑等抗老化剂,可提高其抗光老化(紫外线)性能。为此,提出了条文的要求。

3.3.3 采用聚酯类(涤纶)材料制成的土工合成材料可用于长时间暴露于阳光下的环境中,不宜用于酸、碱等化学环境中。与水泥、石灰类材料直接接触的环境,不宜采用聚酯类材料。

条文说明

聚酯类土工合成材料包括聚酯土工布(也称涤纶土工布)、聚酯格栅等,具有较好的抗光老化性能,但化学稳定性较差,尤其是在碱性条件下易发生不可逆的水解反应,使材料性能下降甚至完全丧失。美国联邦公路局(FHWA)《加筋土挡墙与加筋土坡设计与施工指南》认为:聚酯产品(PET)易受水解作用,碱性条件或大量水分存在时会加快水解和纤维分解,聚酯(PET)材料仅推荐用于 $3 < pH < 9$ 的环境中。因此,聚酯类土工合成材料不适于与水泥、石灰、盐碱地等碱性界面直接接触。

3.3.4 采用聚酰胺类(尼龙)材料制成的土工合成材料不宜在酸环境中使用。

条文说明

聚酰胺材料也称尼龙,通常用于制作土工尼龙绳,具有极好的耐磨特性,但耐碱不耐酸,因此,不适于在酸性环境中长期使用。

3.3.5 采用玻璃纤维制成的土工合成材料可用于高温和酸环境中,不宜用于与水泥、石灰直接接触的环境。

条文说明

玻璃纤维类土工合成材料包括聚酯玻纤布、玻纤格栅等,具有较好的耐高温和抗变形特性,但耐磨性较差,耐酸不耐碱,因此,不适于在与水泥、石灰直接接触等碱性环境中长期使用。

4 路基加筋

4.1 一般规定

4.1.1 当路基稳定性不足、需要构筑陡坡以减少占地,以及对路堤边坡进行修复加固、道路加宽、增强重力式挡墙的稳定性时,可采用土工合成材料进行加筋。

条文说明

土工合成材料应用于路基加筋,主要作用在于提高路基的稳定性,其主要应用场合如图4-1所示。

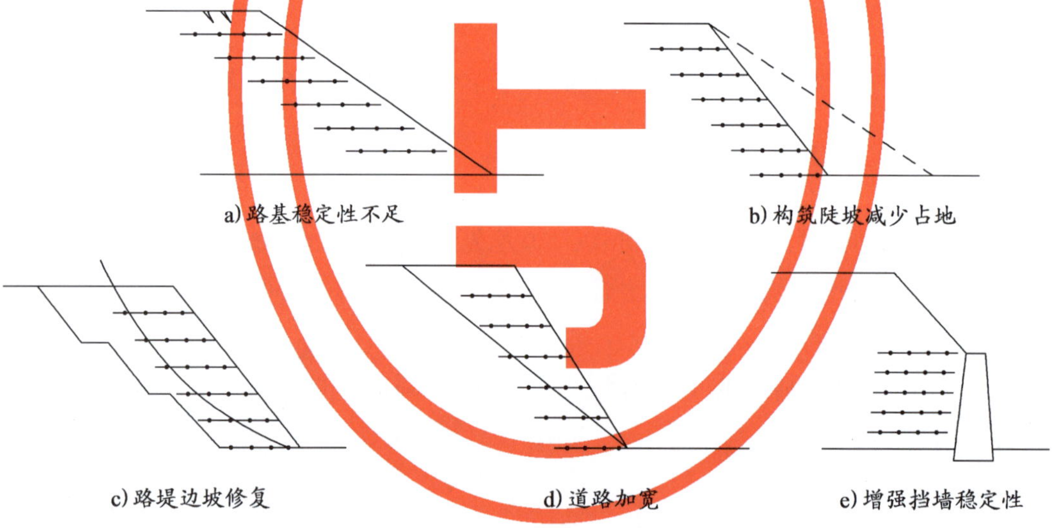

图4-1 加筋路堤的主要应用场合

重力式挡墙是公路常用的支挡结构。当受地形条件限制,挡墙断面尺寸受到限制而造成支挡能力不足,或条件发生变化造成已建挡墙支挡能力不足时,通过对墙后填土进行加筋,可增强挡墙的稳定性。规范修订组建立了考虑加筋作用的土压力计算方法,分析了加筋材料特性及其铺设位置对土压力减少效果的影响,并在挡土墙工程中进行了实际应用检验,证明墙后填土加筋对减小墙背土压力有一定效果,故在本规范修订时增加了相关规定。

4.1.2 应通过现场调查、地质勘察、室内外试验,获得相关基础资料,根据场地的地质与环境条件、填料特性、材料的耐久性、工程造价等因素，经技术经济比选，确定路基加筋方案。

4.1.3 地基承载力与路基填土压实度应满足现行《公路路基设计规范》(JTG D30)的规定。

条文说明

良好的地基承载力是保证路堤和挡墙稳定的必要条件，良好的压实是保证土工合成材料与土之间具有足够的相互作用力、发挥加筋作用的关键，不能因为加筋而降低地基承载力与路基压实度要求。

4.2 材料选择与设计参数

4.2.1 宜采用整体性和耐久性好、强度高、变形小的土工格栅、高强土工织物、土工格室等土工合成材料作为加筋材料。

条文说明

强度、变形、整体性和耐久性是加筋材料选择考虑的主要因素，强度高、变形小的土工合成材料，其模量往往高，对控制加筋土工程的变形是有利的，因此，做出了本条规定。

4.2.2 用于路基加筋的土工合成材料，应按式(4.2.2)确定其设计计算抗拉强度 T_a。

$$T_a = \frac{T_{ult}}{RF} = \frac{T_{ult}}{RF_{CR} \cdot RF_D \cdot RF_{ID}} \tag{4.2.2}$$

式中：T_{ult}——加筋材料的极限抗拉强度，按现行《公路工程土工合成材料试验规程》(JTG E50)试验确定；

RF——总折减系数；

RF_{CR}——蠕变折减系数；

RF_D——考虑微生物、化学、热氧化等影响的老化折减系数；

RF_{ID}——施工损伤折减系数。

条文说明

土工合成材料多为高分子聚合物材料，具有蠕变特性，应用于土木工程中，还会受到紫外线、生物或化学物质的影响，铺设碾压过程也会对其产生损伤，导致性能降低，设计时需考虑这些不利影响。路基加筋工程中，对土工合成材料强度影响较大是蠕变和施工损伤两个因素。《公路土工合成材料应用技术规范》(JTJ/T 019—98)，采用了综合修正系数来笼统地考虑这些影响，一方面没有考虑不同加筋材料特性，另一方面与国外研究结果以及近年来我国的有关研究结果相比,总体上偏小。为此,本次规范修订,采用了条文所给的表达式来考虑强度影响因素,确定设计采用的强度。

4.2.3 应根据所选择的加筋材料、所处的环境条件、填料类型、加筋材料所处的应力水平等,进行有关试验,获得式(4.2.2)中各折减系数;无条件时,可根据具体工程情况,按表4.2.3-1和表4.2.3-2取值,所处工作环境对土工合成材料强度有较大影响时,取高值,反之取低值。总折减系数宜在2.0~5.0之间。

表4.2.3-1 路基加筋工程土工合成材料蠕变与老化折减系数

土工合成材料原材料	蠕变折减系数	老化折减系数
聚酯	1.5~2.5	1.1~2.0
聚丙烯	2.0~4.0	
高密度聚乙烯	1.5~3.5	

表4.2.3-2 路基加筋工程土工合成材料施工损伤折减系数

土工合成材料类型	细粒土	砂类土	砾类土
土工织物	1.1~1.2	1.1~1.6	1.2~2.0
土工格栅	1.1~1.2	1.1~1.4	1.2~1.6

注:表中土系按现行《公路土工试验规程》(JTG E40)进行的分类。

条文说明

FHWA《加筋土挡墙与加筋土坡设计与施工指南》(2001)推荐的土工合成材料抗拉强度折减系数如表4-1和表4-2。同时指出:如无严重危害发生时,对永久性工程的初步设计,可取总折减系数RF=7.0;对临时结构工程,可取总折减系数RF=3.0。通常情况下,考虑蠕变、铺设损伤、老化的总折减系数在3~6之间。

表4-1 FHWA推荐的土工合成材料抗拉强度折减系数

土工合成材料类型	折减系数		
	蠕变折减系数	老化折减系数	施工损伤折减系数
聚酯	1.6~2.5	1.1~2.0	1.05~3.0
聚丙烯	4.0~5.0		
高密度聚乙烯	2.6~5.0		

表4-2 FHWA推荐的施工损伤强度折减系数

土工合成材料类别	Ⅰ类填料,最大粒径102mm,d_{50}约为30mm	Ⅱ类填料,最大粒径20mm,d_{50}约为0.7mm
HDPE单向土工格栅	1.20~1.45	1.10~1.20
PP双向土工格栅	1.20~1.45	1.10~1.20
PVC涂面PET土工格栅	1.30~1.85	1.10~1.30

续上表

土工合成材料类别	Ⅰ类填料，最大粒径 102mm，d_{50}约为 30mm	Ⅱ类填料，最大粒径 20mm，d_{50}约为 0.7mm
丙烯涂面 PET 土工格栅	1.30 ~ 2.05	1.20 ~ 1.40
PP 和 PET 有纺土工织物	1.40 ~ 2.20	1.10 ~ 1.40
PP 和 PET 无纺土工织物	1.40 ~ 2.50	1.10 ~ 1.40
薄膜有纺 PP 土工织物	1.60 ~ 3.00	1.10 ~ 2.00

Robert M，Koerner(1998)建议，主要用于加筋目的时，土工格栅和土工织物的各项折减系数值如表 4-3。

表 4-3　Robert M，Koerner 推荐的各项强度折减系数

材料类型	应用场合	施工损伤 RF_{ID}	蠕变 RF_{CR}	化学损害 RF_{CD}	生物损害 RF_{BD}
土工格栅	路堤	1.1 ~ 1.4	2.0 ~ 3.0	1.1 ~ 1.4	1.0 ~ 1.2
	边坡	1.1 ~ 1.4	2.0 ~ 3.0	1.1 ~ 1.4	1.0 ~ 1.2
	挡墙	1.1 ~ 1.4	2.0 ~ 3.0	1.1 ~ 1.4	1.0 ~ 1.2
	地基承载	1.2 ~ 1.5	2.0 ~ 3.0	1.1 ~ 1.6	1.0 ~ 1.2
土工织物	挡墙	1.1 ~ 2.0	2.0 ~ 4.0	1.0 ~ 1.5	1.0 ~ 1.3
	地基承载	1.1 ~ 2.0	2.0 ~ 4.0	1.0 ~ 1.5	1.0 ~ 1.3
	边坡	1.1 ~ 1.5	2.0 ~ 3.0	1.0 ~ 1.5	1.0 ~ 1.3

由这些推荐的折减系数看，不同工程应用条件，折减系数不同，各家推荐的值也存在较大差异。在同类工程应用场合，各家所推荐的系数均普遍反映出土工织物的施工损伤系数大于土工格栅。

邓卫东、唐颂(2005)通过对不同填料和不同土工合成材料的室内模拟碾压试验和现场碾压试验，就我国常用的聚乙烯和聚丙烯土工格栅的施工损伤折减系数进行了研究，给出表 4-4 所示的施工损伤折减系数推荐值。

表 4-4　土工合成材料施工损伤强度折减系数推荐值

应用场合	土工合成材料类型	细粒土	砂类土	砾类土	漂石质土	漂石夹土
加筋工程	土工织物	1.1 ~ 1.2	1.1 ~ 1.6	1.2 ~ 2.0	1.3 ~ 2.5	1.5 ~ 3.0
	土工格栅	1.1 ~ 1.2	1.1 ~ 1.4	1.2 ~ 1.6	1.3 ~ 2.0	1.5 ~ 2.2
路面工程	无纺土工织物 (< 200g/cm^2)	1.5 ~ 2.0				
	玻璃纤维格栅	1.1 ~ 1.5				

注：有 10cm 厚细料保护时，按细粒料情况取值。

蠕变折减系数是最难确定的折减系数，其原因在于影响蠕变的因素除原材料外，还有应力水平。条文所给出的折减系数为根据相关研究结果，并考虑到实际工程中加筋材料所处的应力水平并不高的情况综合确定的。

条文未给出大粒径填料如漂石质土、漂石夹土条件下的施工损伤折减系数，是考虑到在这种填料下不加保护就直接铺设土工合成材料是不可取的,需要设置细粒料保护层,此时,损伤系数按细粒料情况取值。

4.2.4 填料应满足现行《公路路基设计规范》(JTG D30)的要求,不应对筋材产生腐蚀作用,应选择易于压实、能与土工合成材料产生良好摩擦与咬合作用的填料;墙后填料应有良好的水稳定性,宜采用砾石土、碎石土。

4.2.5 应根据填料来源,选择有代表性的土样进行室内试验,并结合现场情况确定填料参数。填料及地基抗剪强度参数 c、φ 值试验方法,应符合现行《公路路基设计规范》(JTG D30)相关规定。

4.2.6 加筋材料与土接触的界面阻力系数 f_{GS},对高速公路、一级公路、二级公路,应采用《公路工程土工合成材料试验规程》(JTG E50)规定的拉拔试验或直接摩擦特性方法,按筋土界面实际条件试验确定;其他等级公路,或高速公路、一级公路、二级公路的初步设计,可按式(4.2.6)确定。

$$\begin{aligned} &\text{土工织物} \quad f_{GS} = \frac{2}{3}\tan\varphi_s \\ &\text{土工格栅} \quad f_{GS} = 0.9\tan\varphi_s \end{aligned} \tag{4.2.6}$$

式中:φ_s——与加筋材料接触的土内摩擦角(°)。

条文说明

在《公路土工合成材料应用技术规范》(JTJ/T 019—98)中,采用了界面摩擦系数的概念。工程实践表明,采用这一概念难以合理描述土工合成材料与土之间的摩擦与咬合作用,故采用阻力系数代替摩擦系数。

对土工合成材料与土接触的界面特性参数,国内外进行过大量的试验研究。试验方法主要有直接摩擦试验和拉拔试验两类。在表述界面特性参数的方式上,仍主要采用 c、φ 两个强度参数,主要考虑的是参数 φ。

直接摩擦试验和拉拔试验方法不同,得出的结果也不同。在加筋路堤的计算分析中,采用界面参数主要是校核锚固稳定性,或确定土工合成材料的锚固长度,因此,宜优先考虑采用拉拔试验确定界面特性参数。但由于拉拔试验复杂,且试验结果稳定性较直接摩擦试验差,故也推荐采用直接摩擦试验。

邓卫东、邓昌中等(2007)通过对单向土工格栅与土的大型直接摩擦试验得出:①填土压实度对土体和筋土界面强度有较大的影响。填土压实度从90%提高到93%,筋土界面摩擦系数比 K($K=\tan\varphi_{GS}/\tan\varphi_s$,$\varphi_{GS}$ 为界面摩擦角,φ_s 填土内摩擦角)由0.833提高到0.951。②筋土界面摩擦系数均随填土含水率的增加而降低。填土为最佳含水率时(7.23%),筋土界面摩擦系数比 K 为0.939;当含水率增加到12%时(接近饱和),摩擦系

数比 K 降到了 0.510。

施有志、马时冬(2003)采用直剪摩擦试验和拉拔试验对塑料拉伸单向土工格栅、涤纶纤维经编土工格栅和裂膜丝编织土工布的界面特性参数进行了测试,得到表 4-5 所示的结果。由此结果可以看出:加筋材料与填料的摩擦系数比一般小于 1,在同样的填料中,经编土工格栅的界面摩擦系数最大,单向土工格栅次之,丝编织土工布最小。

表 4-5　界面摩擦系数比试验结果

填　料	筋材类型	摩擦系数比 K	
		直剪摩擦试验	拉拔试验
砂砾石($\varphi = 35°$)	单向土工格栅	0.84	0.96
	经编土工格栅	0.94	1.09
	丝编织土工布	0.69	0.57
粗砂($\varphi = 31°$)	单向土工格栅	0.89	0.89
	经编土工格栅	0.95	1.05
	丝编织土工布	0.84	1.00
残积土($\varphi = 29°$)	单向土工格栅	0.95	0.98
	经编土工格栅	0.96	1.11
	丝编织土工布	0.93	0.93

拉拔试验综合反映了筋材与填料间的摩擦力、咬合力及嵌固力,测得的界面摩擦系数比直剪摩擦试验大。《公路土工合成材料应用技术规范》(JTJ/T 019—98)对土工织物的摩擦系数比取 0.667,对土工格栅取 0.9。综合国内外有关试验结果,认为该取值是合适的,故做出了条文的规定。

4.3　结构形式

4.3.1　应根据工程具体情况,遵循技术可行、经济合理、施工方便的原则,经综合比较,确定结构形式。路堤加筋,可采用如图 4.3.1-1 所示的结构形式;重力式挡墙墙后加筋,宜采用图 4.3.1-2 所示的全断面加筋结构形式。

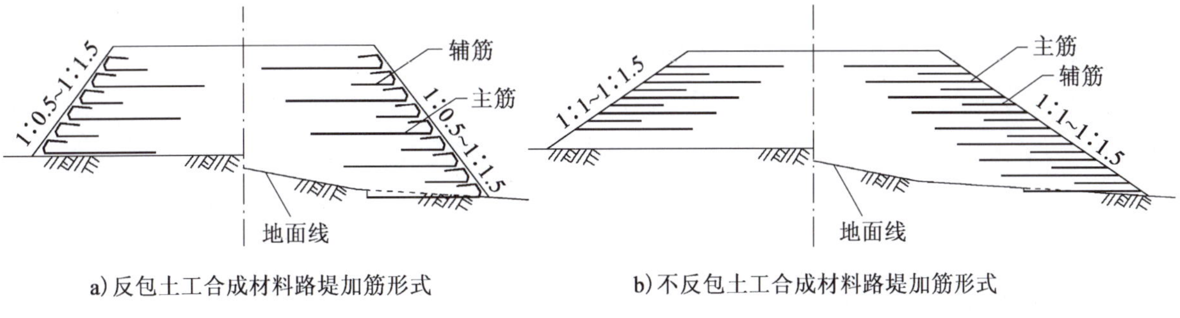

a) 反包土工合成材料路堤加筋形式　　b) 不反包土工合成材料路堤加筋形式

图 4.3.1-1　路堤加筋结构形式

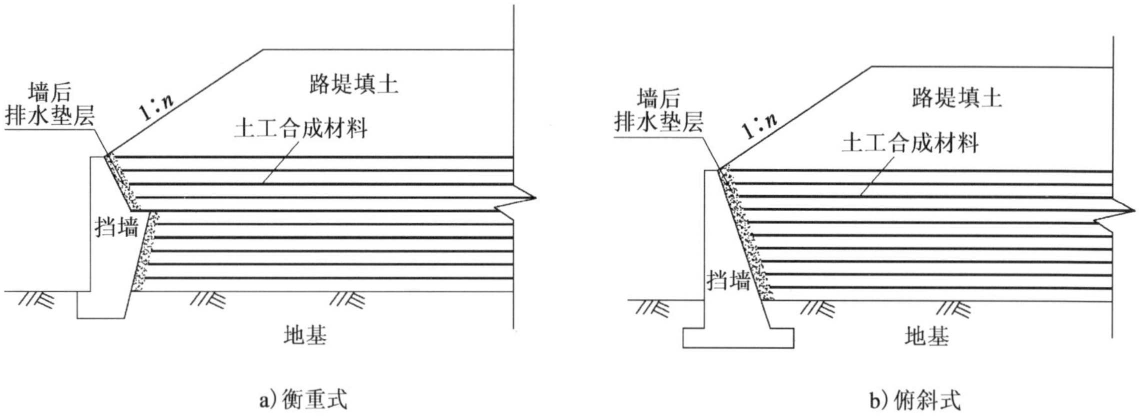

图4.3.1-2　重力式挡墙墙后加筋结构形式

1　加筋路堤的坡率不应陡于1:0.5。当路堤边坡坡率陡于1:1时,应采用反包土工合成材料的形式;当坡率为1:1~1:1.5时,宜采用反包的形式;当坡率缓于1:1.5时,可采用不反包的形式。

2　陡斜坡上的加筋路堤,当路堤边坡坡率采用正常坡率1:1.5~1:2.0时,筋材宜布置在路堤中下部。

条文说明

根据有关的计算分析,当路堤边坡坡度大于70°时,土压力趋于控制设计。70°的坡度对应的坡率为1:0.364,我国常采用的坡率为1:0.3、1:0.5、1:0.75、1:1、1:1.5。据此,将加筋陡坡路堤的坡率定在了1:0.5,当陡于这个坡率时,按加筋挡墙进行设计。

坡面是否需要反包既与边坡坡率有关,也与填土性质有关,还与筋材层间距有关。我国在这方面的研究很少。FHWA《加筋土挡墙与加筋土坡设计与施工指南》(2001)规定:一般情况下,当筋材层间距小于40cm、坡率缓于1:1时,坡面可采用不反包形式。

邓卫东、邓昌中(2005)就筋材铺设于墙后填土上部、中部、下部,以及全断面铺设对土压力的影响进行了数值分析研究。结果表明:无论是衡重式挡墙还是俯斜式挡墙,加筋位置对土压力总体影响不大,而沿墙高全断面铺设效果最好。因此,条文推荐采用全断面铺设形式。

4.3.2　加筋材料的竖向层间距,不宜小于一层填土最小压实厚度。对加筋路堤,层间距不宜大于80cm;当受力主筋层间距大于80cm时,应设置辅筋,辅筋层间距不宜大于40cm,长度不应小于2.0m。对墙后加筋,层间距不宜大于100cm。

条文说明

当加筋层间距大于80cm后,筋层间的土体由于坡率较陡,会出现局部坍塌,进而影响加筋体长期稳定性,为此,要求加设辅筋。

4.3.3 应加强加筋体内部与表面的排水，排水设施的结构形式与尺寸、铺设范围与位置应根据场地水的情况确定。墙后加筋，加筋土体后及墙背应设置排水层（图4.3.3），加筋材料不应伸入排水层，不得破坏排水系统的连续性。

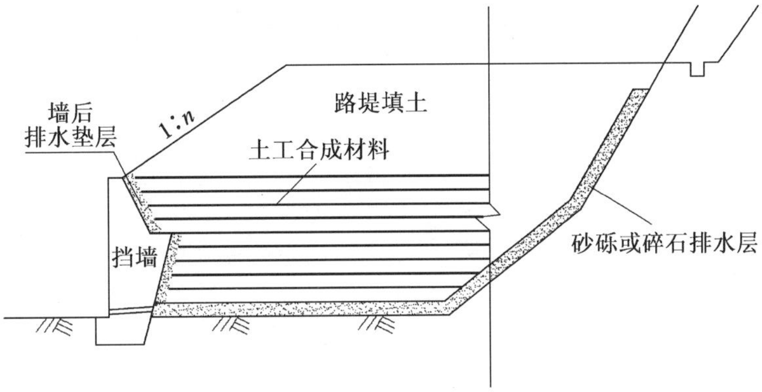

图4.3.3　墙后加筋内部排水层设置示意图

条文说明

水进入加筋路基后，会降低加筋材料与填料间的界面强度，影响加筋效果，因此需要加强加筋路基的防排水。山区陡斜坡上的加筋路堤和墙后加筋体，易受斜坡地下水的影响，因此需要设置排水层，排除地下水的影响。

4.3.4 加筋材料不宜直接设置于原地基表面，宜设置30～50cm的砂垫层或其他透水性较好的均质填料，再铺设加筋材料。

条文说明

为减少地下水对路基的影响，并避免土工合成材料受不良化学物质的侵蚀，做出了条文的规定。

4.3.5 宜采取植物防护为主、工程防护为辅的防护措施对加筋路堤坡面进行防护。坡面防护的材料、结构应符合现行《公路路基设计规范》（JTG D30）的有关规定。可按表4.3.5选择坡面防护形式，坡面防护结构可按图4.3.5-1、图4.3.5-2进行设计。

表4.3.5　加筋路堤坡面防护形式

坡　率	防护形式			
	土工合成材料不反包		土工合成材料反包	
	植被防护	工程防护	植被防护	工程防护
陡于或等于1:1	—	—	喷护有机材绿化	石笼
缓于1:1	直接喷播绿化、喷护有机材绿化	石笼、石块铺砌、预制混凝土空心块	直接喷播绿化、喷护有机材绿化	不推荐

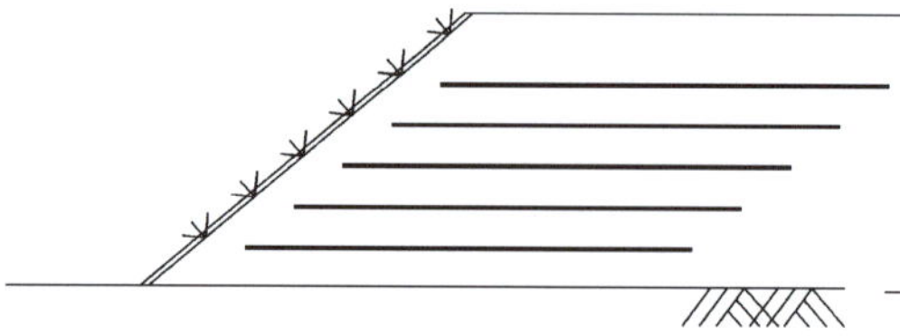

a)植被防护

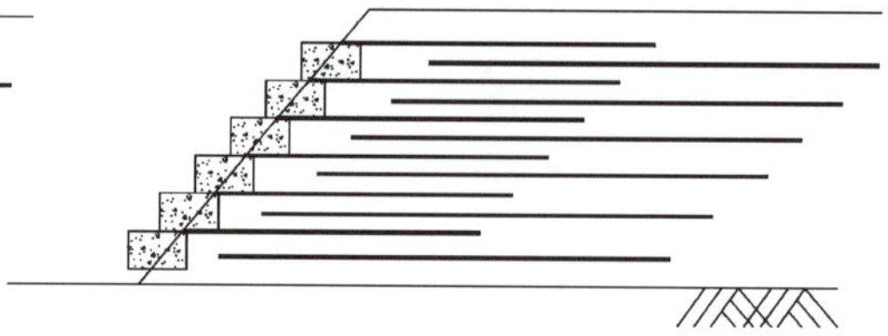

b)石笼防护

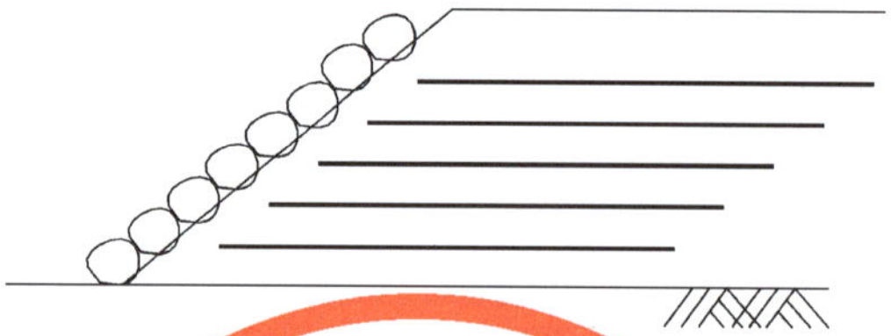

c)石块铺砌、预制混凝土空心块铺砌

图4.3.5-1　不反包时加筋路堤坡面防护形式

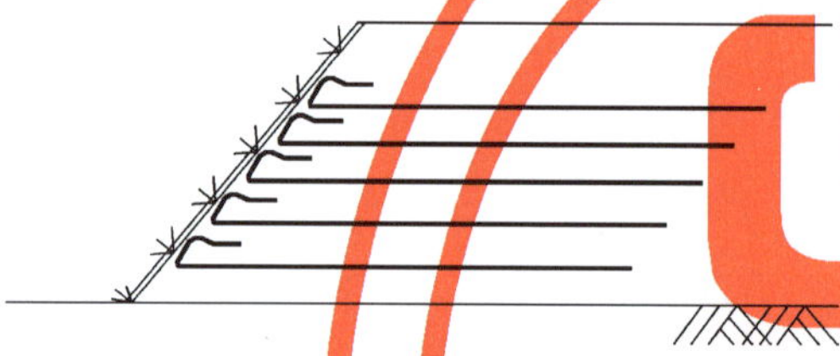

a)植被防护

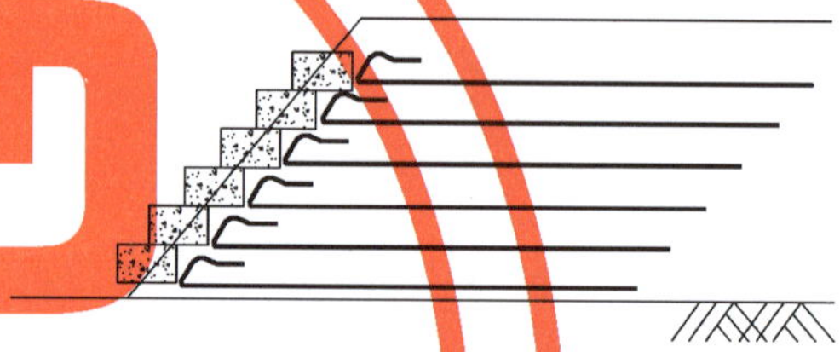

b)石笼防护

图4.3.5-2　反包时加筋路堤坡面防护形式

条文说明

路基坡面易受到降雨径流的冲蚀,造成坡面破坏,影响路基的长期稳定性。另外,反包形式的加筋路堤坡面,土工合成材料长期暴露在外,易受紫外线的影响而老化。因此,需要重视加筋路堤的坡面防护。

坡面防护形式取决于填料类型、坡率和加筋层间距。FHWA《加筋土挡墙与加筋土坡设计与施工指南》(2001)针对不同的土类和坡率,推荐了表4-6所示的坡面防护措施。

就我国的情况看,对缓于1:1的边坡,植被防护多采用直接喷播绿化或喷护有机材绿化,对陡于1:1的边坡多采用喷护有机材绿化,单纯的工程防护一般很少应用到路堤边坡。石笼兼具工程防护与植物防护的优点,近年来得到越来越多的应用。在总结我国相关工程经验的基础上,做出了条文规定。

表4-6　FHWA推荐的加筋土坡坡面防护措施

坡角与土类	防护形式			
	坡面不采用土工合成材料包裹		坡面采用土工合成材料包裹	
	植被防护	工程防护	植被防护	工程防护
>50° 任何土类	不推荐	石笼	草皮、含种子的永久性冲蚀防护垫	喷射混凝土

续上表

坡角与土类	防护形式			
	坡面不采用土工合成材料包裹		坡面采用土工合成材料包裹	
	植被防护	工程防护	植被防护	工程防护
35°～50° 洁净的砂和卵石	不推荐	石笼、水泥土	草皮、含种子的永久性冲蚀防护垫	喷射混凝土
35°～50° 粉土和砂性粉土	生物加筋、排水、复合材料	石笼、水泥土、石块铺砌	草皮、含种子的永久性冲蚀防护垫	喷射混凝土
35°～50° 粉砂、黏土砂、良好级配砂和砾石	含种子或草皮的临时性冲蚀防护垫、永久性冲蚀防护垫	不推荐	不需包裹	不需包裹
25°～35° 所有土类	含种子或草皮的临时性冲蚀防护垫、永久性冲蚀防护垫	不推荐	不需包裹	不需包裹

4.4 设计计算

4.4.1 加筋路堤的设计应考虑内部稳定破坏与外部稳定破坏两种模式。外部稳定破坏包括平面滑动破坏、深层滑动破坏、局部承载破坏（侧向挤出破坏）、过量沉降四种形式，如图 4.4.1 所示。

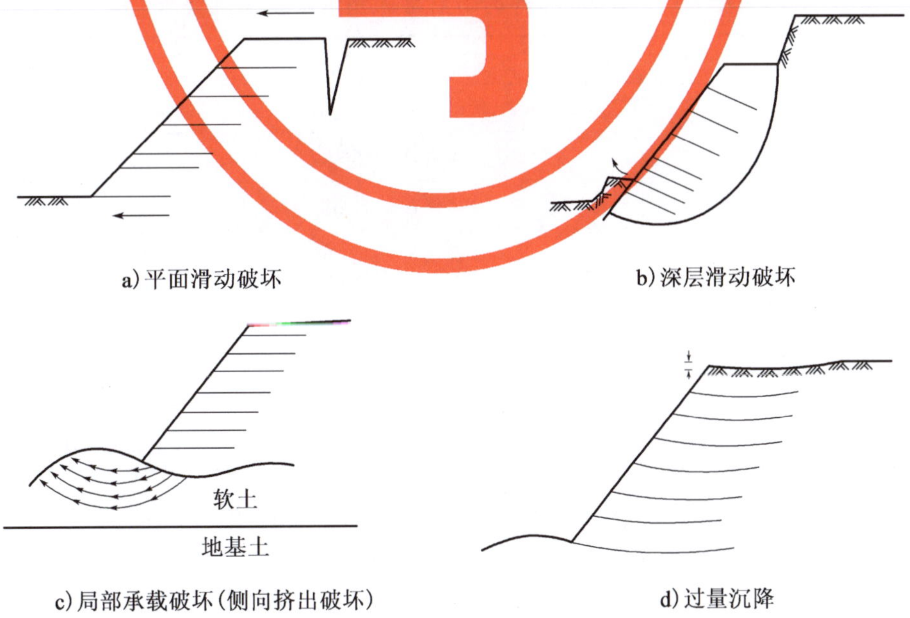

图 4.4.1 加筋路堤外部破坏形式

4.4.2 加筋路堤应通过计算分析,确定加筋材料的铺设方式、铺设层数、铺设范围(铺设长度),设计计算分析内容及其要求可按表 4.4.2 确定。进行各项分析时,应根据现行《公路路基设计规范》(JTG D30)要求考虑正常工况、暴雨工况、地震工况等不同的工况。重要工程宜采用数值分析方法,获得加筋体变形与破坏特征,确定加筋方案。

表 4.4.2 加筋路堤计算分析内容与要求

破坏模式		分析内容	稳定安全系数 F_s
内部稳定破坏	滑动面位于堤身	堤身稳定性	满足现行《公路路基设计规范》(JTG D30)要求
	滑动面穿过地基	地基与堤身的整体稳定性	满足现行《公路路基设计规范》(JTG D30)要求
	筋材拔出	抗拔稳定性	1.5(粒料土),2.0(黏性土)
外部稳定破坏	平面滑动破坏	平面滑动稳定性	1.30,考虑地震荷载时取 1.1
	深层滑动破坏	深层滑动稳定性	满足现行《公路路基设计规范》(JTG D30)要求
	局部承载破坏	局部承载稳定性	1.30,考虑地震荷载时取 1.1
	过量沉降	沉降	满足现行《公路路基设计规范》(JTG D30)要求

条文说明

FHWA《加筋土挡墙与加筋土坡设计与施工指南》(2001)将加筋路堤的破坏划分为内部稳定破坏、外部稳定破坏和复合稳定破坏三种类型。内部稳定破坏指滑动面穿过加筋体,外部稳定破坏指滑动面位于加筋体范围外,复合稳定破坏主要指滑动面同时穿过加筋体和加筋体外。表 4-7 为 FHWA 针对不同破坏模式的稳定安全系数要求。

表 4-7 FHWA 推荐的加筋路堤稳定安全系数要求

破坏类型		安全系数 F_s
外部稳定破坏	滑动破坏	1.3
	深层整体滑动破坏	1.3
	局部承载破坏(侧向挤出破坏)	1.3
	动载	1.1
复合稳定破坏		1.3
内部稳定破坏		1.3
抗拔		1.5(粒料土),2.0(黏性土)
沉降		工后沉降根据工程要求而定

考虑到复合稳定破坏模式计算方法与仅穿过加筋体的内部稳定破坏是一致的,故本规范将加筋路堤的破坏划分为外部稳定破坏和内部稳定破坏两种模式。

我国现行《公路路基设计规范》(JTG D30)对路堤稳定性的计算及稳定安全系数提出了明确要求,土工合成材料加筋路堤的目的是使路堤达到规定的要求,因此,对内部稳定破坏涉及的堤身稳定性、地基与堤身的整体稳定性,以及外部破坏涉及的深层滑动稳定性与沉降，要求满足现行规范规定的稳定安全系数值，以与路基设计规范相一致；对未涉及的平面滑动稳定性、局部承载稳定性、筋材拔出，借鉴了表4-7的推荐值。

4.4.3 加筋路堤筋材宜按上疏下密的方式进行布置，其层间距可按下述步骤确定。

1 可按图4.4.3-1和式(4.4.3-1)计算满足稳定安全系数 F_s 需要的总筋材拉力 T_S。应由式(4.4.3-1)搜索得出最大总拉力 T_{Smax} 及其对应的滑动面。

$$T_S = (F_s - F_{su})\frac{M_D}{D} \tag{4.4.3-1}$$

式中：F_s——要求达到的稳定安全系数，按现行《公路路基设计规范》(JTG D30)取值；

F_{su}——未加筋时路堤圆弧滑动破坏的稳定系数，按现行《公路路基设计规范》(JTG D30)规定的方法计算；

D——筋材总拉力 T_S 作用的力臂(m)；对土工格栅、土工织物等片状筋材，取 $D=R$；对刚度大的条带式筋材，按图4.4.3-1确定；

M_D——滑动力矩(kN)，可按式(4.4.3-2)计算；当需要考虑地震力作用时，应计入地震力；

$$M_D = \Sigma(W_i + Q_i)R\sin\alpha_i \tag{4.4.3-2}$$

W_i——土条 i 的重力(kN/m)；

Q_i——作用于 i 土条竖直方向的外力(kN/m)，如车辆荷载等；

R——滑弧半径(m)；

α_i——土条 i 底滑面与水平面的倾角(°)。

2 可根据 T_{Smax} 和坡高 H 确定不同加筋层间距的区域。当坡高 $H \leqslant 6.0$m 时，可按1个区域布置；当 $H > 6.0$m 时，可按大致等高的2个或3个区域布置。各区域筋材所受拉力 T_Z 可按以下方式考虑，如图4.4.3-2所示。

1个区域布置时　$T_Z = T_{Smax}$

2个区域布置时　底部 $T_Z = 3/4\ T_{Smax}$；上部 $T_Z = 1/4\ T_{Smax}$

3个区域布置时　底部 $T_Z = 1/2\ T_{Smax}$；中部 $T_Z = 1/3\ T_{Smax}$；上部 $T_Z = 1/6\ T_{Smax}$

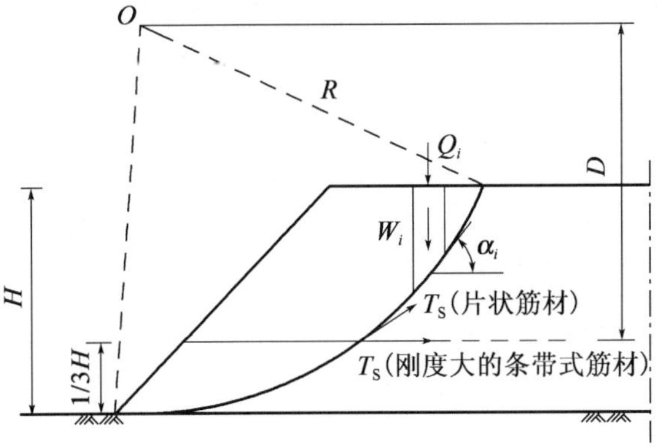

图4.4.3-1　筋材总拉力计算图示

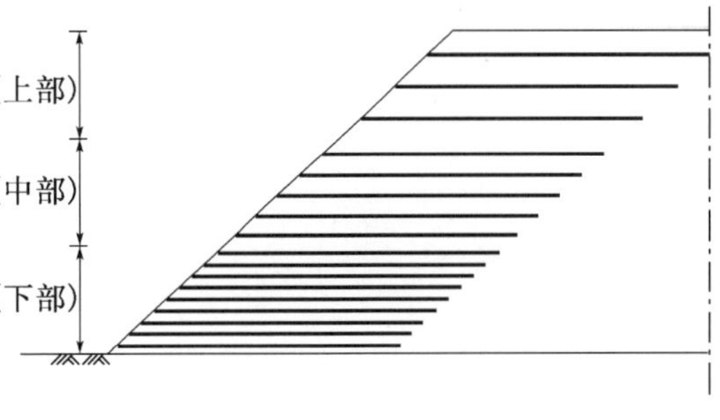

图4.4.3-2　筋材的区域布置

3 可按式(4.4.3-3)确定各加筋区域筋材竖向间距或所需的加筋层数。当计算获得的筋材竖向间距小于一层填土最小压实厚度时,应改用强度更高的加筋材料。

$$T_j = \frac{T_Z S_V}{H_Z} = \frac{T_Z}{N} \leqslant T_a R_c \tag{4.4.3-3}$$

式中:R_c——加筋覆盖率,其值等于筋材宽度 b/筋材水平间距 S_h,对土工格栅和土工织物,$R_c=1$;

S_V——各加筋区域筋材竖向间距(m);

H_Z——各加筋区域高度(m);

N——各加筋区域加筋层数;

T_Z——各加筋区域筋材所受拉力(kN/m),按本条第2款方法确定;

T_j——第 j 层筋材所受拉力(kN/m),根据所处区域按式(4.4.3-3)计算;

T_a——筋材设计计算抗拉强度(kN/m),按式(4.2.2)确定。

条文说明

大量的研究分析表明,中下部的加筋材料对路堤稳定性贡献大,因此,推荐了上疏下密的布设方式。

对筋材的受力方向,目前主要有两种假定:其一是假定沿筋材的铺设方向;其二是假定沿滑弧的切向。实际的情况比较复杂,筋材的受力方向与加筋材料的刚度和加筋路堤的变形有关,更多是介于两者之间。在《公路土工合成材料应用技术规范》(JTJ/T 019—98)中,采用的是前者。FHWA《加筋土挡墙与加筋土坡设计与施工指南》(2001)认为,对刚度大的条带式加筋材料,如钢条,筋材的受力方向为沿筋材的铺设方向,对土工格栅、土工织物等片状式筋材,柔性大,其受力方向为滑弧切向。条文规定是根据专题研究成果,并参考美国标准提出的。

筋材布置过密,不便于施工,也不经济,因此,要求筋材竖向间距小于最小压实厚度时,应重新选择加筋材料。

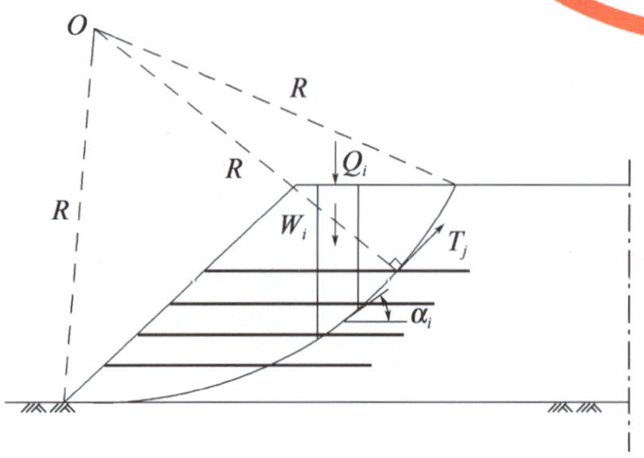

图4.4.4-1 堤身稳定性、地基与堤身整体稳定性计算图示

4.4.4 加筋材料的铺设长度应根据堤身稳定性、地基与堤身的整体稳定性、堤身沿地基表面的平面滑动稳定性、抗拔稳定性计算结果综合确定,并符合以下规定:

1 堤身稳定性、地基与堤身的整体稳定性,可采用式(4.4.4-1)所示的圆弧条分法进行计算,计算图示如图4.4.4-1。计算时应假定若干滑弧,求得最小稳定系数。最小稳定系数不得小于表4.4.2规定的稳定安全系数要求。

$$F_c = F_{su} + \frac{\sum T_j D_j}{M_D} = F_{su} + \frac{\sum T_j D_j}{\sum (W_i + Q_i) R\sin\alpha_i} \tag{4.4.4-1}$$

式中：F_c——堤身稳定性、地基与堤身整体稳定性系数；

F_{su}——未加筋时的稳定性系数，采用现行《公路路基设计规范》(JTG D30)规定的方法进行计算；

T_j——第 j 层筋材所受拉力(kN/m)，按式(4.4.3-3)计算；

D_j——第 j 层筋材拉力作用力臂(m)，对土工格栅和土工织物，$D_j = R$；

其他符号的意义同式(4.4.3-2)。

2　筋材应埋入稳定土体内，即埋入稳定系数不小于要求稳定安全系数的滑动面后，其锚固长度 L_e 可按式(4.4.4-2)确定。当计算的锚固长度小于 2.0m 时，应取为 2.0m。

$$L_e = \frac{T_j F_e}{2 f_{GS} \alpha \sigma'_v R_c} \tag{4.4.4-2}$$

式中：T_j——第 j 层筋材所受拉力(kN/m)，按式(4.4.3-3)计算；

f_{GS}——抗拔出阻力系数，按 4.2.6 条确定；

α——考虑筋材与土相互作用的非线性分布效应系数，取 0.6 ~ 1；资料缺乏时，土工格栅取 0.8，土工织物取 0.6；

σ'_v——筋土交界面的有效正应力(kN/m)，可按作用于筋材上的自重应力计算；

R_c——加筋覆盖率，对土工格栅和土工织物，$R_c = 1$；

F_e——筋材抗拔出的稳定安全系数，对粒料土 $F_e = 1.5$，对黏性土 $F_e = 2.0$。

3　堤身沿地基表面的平面滑动稳定系数 K_p，可采用式(4.4.4-3)计算，计算图示如图 4.4.4-2。稳定系数 K_p 应满足表 4.4.2 相应的要求。

$$K_p = \frac{(W + P_a \sin\varphi_b)\tan\varphi_{min}}{P_a \cos\varphi_b} \tag{4.4.4-3}$$

式中：W——加筋体重力(kN/m)；

P_a——作用于加筋体的主动土压力(kN/m)；

φ_b——加筋体后填土摩擦角(°)，当加筋体背后铺设有排水层或过滤层时，φ_b 为排水层或过滤层与填土间的相互作用摩擦角；

φ_{min}——加筋体与地基间的摩擦角(°)，取填土与筋材间、地基土与筋材间摩擦角，或填土、地基土摩擦角中的小者。

4.4.5　当路堤下存在深度 D_s 小于边坡宽度 b' 的软弱土时，可采用式(4.4.5)计算局部承载破坏(侧向挤出)的稳定系数 F_{sq}，计算图示如图 4.4.5。计算所得到的稳定系数 F_{sq} 应满足表 4.4.2 的要求；当不满足要求时，应对地基进行处理。

$$F_{sq} = \frac{2C_u}{\gamma D_s \tan\theta} + \frac{4.14C_u}{H\gamma} \tag{4.4.5}$$

式中：C_u——软弱土体的不排水剪强度(kN/m^2)；

γ——路堤填土重度(kN/m^3)；

D_s——软弱土体深度(m);
θ——边坡坡角(°);
H——路堤高度(m)。

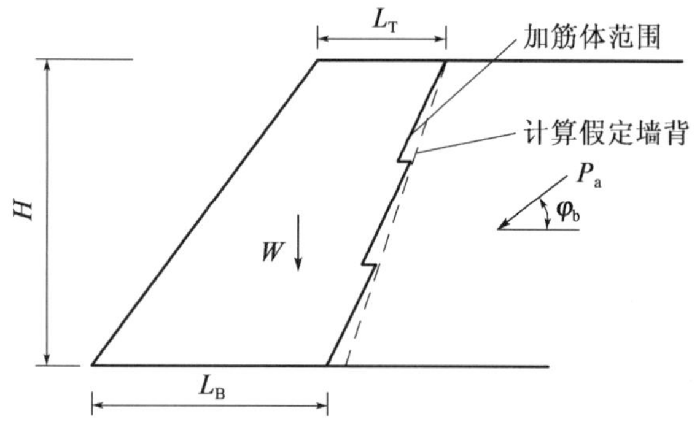

图 4.4.4-2 堤身沿地基表面的平面滑动稳定性计算图示

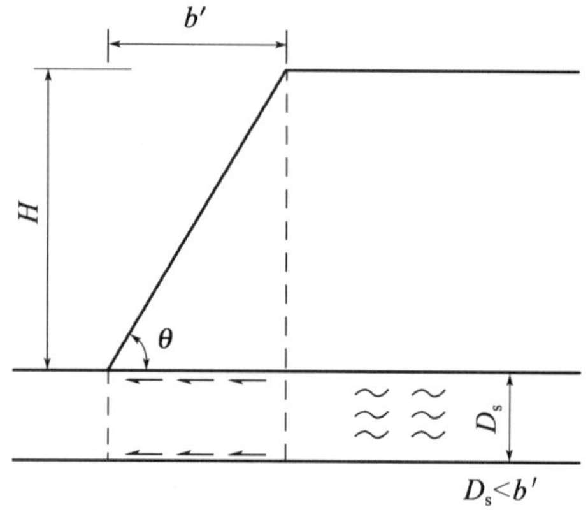

图 4.4.5 局部承载破坏(侧向挤出)计算图示

4.4.6 墙后加筋体作用于墙背的土压力水平作用力 P 可按式(4.4.6)计算。并应根据计算的土压力确定挡墙尺寸,根据所需筋材拉力确定加筋层间距。挡墙稳定性计算方法及其要求应满足现行《公路路基设计规范》(JTG D30)的相关规定。墙后填土加筋时,不应降低对挡墙自身设计与施工的要求。

$$P = P_{ax} - T_r \tag{4.4.6}$$

式中:P_{ax}——未加筋时主动土压力的水平分量(kN/m),主动土压力按现行《公路路基设计规范》(JTG D30)中相关要求计算;

T_r——筋材的总设计拉力(kN/m),应结合工程具体情况确定工作应变,以工作应变对应的拉力作为筋材的设计拉力;对塑料土工格栅和土工织物,当先构筑挡墙后铺设加筋材料时,可取0.5% ~1%应变对应的筋材拉力作为设计拉力;当先完成加筋再构筑挡墙时,可取1% ~2%应变对应的筋材拉力作为设计拉力。

条文说明

墙后的填土和加筋材料一般不会同时进入极限状态。填土进入极限状态(或者主动土压力状态)所需的变形相对要小,工程中一般是允许的;而加筋材料达到最大抗拉强度所需变形要大得多,是工程不允许的。重力式挡墙与土工合成加筋材料联合使用时,控制设计的是填土进入极限状态而加筋材料处于某一工作状态(未进入极限状态)时的稳定性。因此,重力式挡墙墙后加筋设计需以重力式挡墙稳定进行控制,考虑允许变形条件下筋材应变对应的拉力考虑筋材的作用。

加筋体作用于挡墙的作用力主要有三种假定:其一是假定加筋材料对墙后土体的滑裂面没有影响,墙后土压力由重力式挡墙和加筋材料共同承担,土压力的水平分量等于传统主动土压力水平分量减去筋材在相应工作状态下的总拉力；其二是假定墙后加筋土体的滑裂面为朗肯主动滑裂面，取主动区为脱离体，求解作用于挡墙的水平作用力；其三是假定加筋材料导致墙后土体的滑裂面转变为 0.3H 法确定的潜在滑裂面，取主动区为脱离体，求解作用于挡墙的水平作用力。

本规范就墙后加筋进行了专题研究，结果表明：方法一和方法二的结果非常接近，且与数值分析结果基本吻合；方法三的土压力较数值分析结果明显要低，且计算相对复杂。为此，在条文中推荐了方法一。

筋材所处工作状态是确定筋材作用大小的依据。加筋土中筋材的工作应变及其对应的工作应力与挡墙的类型、挡墙高度、堆载、填土和加筋材料的工程性状、施工方法及顺序等诸多因素相关。本规范专题研究结果表明：对于先构筑挡墙后加筋土的重力式挡墙，加筋土和筋材的变形受挡墙限制较明显，可取 0.5% ~1% 为工作应变；对于先构筑加筋土再构筑挡墙情况，可取 1% ~2% 为工作应变。据此，做出了条文规定。

条文应变取值是针对塑料土工格栅提出的，不包括钢塑格栅、钢筋混凝土土工加筋带等刚性筋材。

4.4.7 墙后加筋材料应穿过破裂面，破裂面后的锚固长度可按式（4.4.4-2）计算确定。

4.4.8 应采用现行《公路路基设计规范》（JTG D30）规定的方法进行沉降分析，并满足相应的要求。当沉降不能满足要求时，应采取措施对地基进行处理。

条文说明

尽管有大量的研究表明，采用土工合成材料加筋后，路堤的沉降，尤其是不均匀沉降有所改善，但至今仍未建立起考虑加筋作用的沉降计算方法。因此，条文规定采用现行《公路路基设计规范》（JTG D30）规定的方法进行沉降分析。

4.5 施工要点

4.5.1 土工合成材料加筋路基施工前，应清理现场，清除滑动体，平整场地，对场地进行初步碾压。

4.5.2 在铺设加筋材料前，应根据设计要求和现行相关规范的规定，完成地基的加固处理和地下排水设施的施工。

4.5.3 铺设加筋材料的土层表面应平整，严禁有坚锐凸出物。

4.5.4 路堤加筋，加筋材料强度高的方向应垂直于路堤轴线；墙后填土加筋，加筋材料强度高的方向应垂直于挡墙墙面。

4.5.5 应根据设计长度确定加筋材料的剪裁长度,避免在主受力方向连接;必须连接时,连接处强度不得低于材料极限抗拉强度的80%。

条文说明

通常情况下,连接强度难以达到加筋材料强度,因此,在主受力方向,应根据设计做好筋材用材计划,尽可能不要连接。

4.5.6 横向相邻两幅加筋材料应相互搭接,搭接宽度不宜小于15cm;不同层面的搭接位置应相互错开。

条文说明

要求不同层面的搭接位置相互错开是为了增强加筋的整体效应。

4.5.7 加筋材料的铺设应平整、无褶皱。可采用人工拉紧、U形钉固定等措施将加筋材料固定于填土表面。

条文说明

加筋材料铺设时如有皱褶不利于效果的发挥。

4.5.8 与加筋材料直接接触的填料的最大粒径不宜超过15cm,粒径大于6cm的含量不宜超过30%。

4.5.9 填料应分层摊铺、分层碾压,采用大型压路机压实时,压实面与筋材之间应保证有不少于15cm厚的填料。应避免运料车及其他施工机械直接在张紧定位的加筋材料上行进,不得从高处抛掷石块。

1 临近路堤边坡坡面,以及临近墙后等大型压路机难以压到部位,应采用轻型压实机械分层压实,压实厚度不得大于15cm。

2 对软弱地基,应采用后卸式卡车沿路堤轴线方向两侧边缘卸料,填料不应集中堆卸。第一层填料宜采用推土机或其他轻型压实机具进行压实,填筑厚度大于60cm后方可采用重型压实机具压实。

3 对非软弱地基,宜从路堤的中心位置开始,对称向两侧摊铺填土并碾压。

条文说明

在填料摊铺与碾压过程中,加筋材料易受到损伤,为尽量降低这种损伤,做出了条文的规定。

在临近边坡坡面,以及临近墙后部位,难以采用正常的压实机械进行压实,是压实的薄弱环节,因此要求采用轻型压实机械对这部分填土进行压实,以保证填筑质量。

软土地基上如直接用重型机具碾压,或堆土不当,易造成地基局部承载力不足而破坏,使加筋材料产生局部大变形。采用后卸式卡车沿路堤轴线方向两侧边缘卸料,既便于将土工合成材料张紧,也便于形成运土的交通便道,因此,对卸土的方式做出规定。

4.5.10 加筋路堤边坡坡率陡于1:1时,应设置坡面支撑体。可采用木模等临时型支撑体或堆石、土工织物袋、石笼或预制混凝土面板等永久型支撑体。

4.5.11 坡面采用反包形式时,卷入路堤填料的加筋材料长度不得小于1.0m,如图4.5.11所示;采用土工格栅加筋时,应用细网、草席或土工织物置于坡面格栅内侧,防止填料漏出。

图4.5.11 加筋路堤土工合成材料卷入路堤长度

条文说明

对加筋材料卷入路堤中的长度做出规定,是为了保证包裹部分的稳定性。土工格栅往往具有较大的孔径,细填料易从其开孔中漏出,进而影响坡面的长期稳定性,因此要求采用细网、草席或土工织物置于坡面格栅内侧防止填料漏出。

4.5.12 加筋路堤的边坡防护应与路堤的填筑同步进行。防护施工滞后时应及时对坡面采取临时保护措施,避免土工合成材料长时间暴露和雨水对边坡的冲蚀。

4.5.13 施工中应修筑临时排水设施,减少水的影响。

4.5.14 应加强施工期间的稳定性监测,根据监测资料,掌握路基稳定状态。当出现稳定性不足的迹象时,应采取控制填筑速率、变更设计方案等有效措施,确保路基稳定。

5 路基防排水

5.1 一般规定

5.1.1 采用土工合成材料进行过滤、防渗和排水时,应根据场地情况,合理选择材料,进行系统设计,与其他相关设施一起共同构成完善的过滤、防渗和排水系统。其主要应用场合如图5.1.1所示。

5.1.2 应根据场地的具体工程地质和水文地质条件、环境条件,确定土工合成材料类型、设置位置、布设方式和数量,保障过滤、防渗和排水结构的有效性。

5.1.3 过滤宜采用无纺土工织物,排水可选用排水板(带)、透水软管、透水硬管、长丝热粘排水体或其他土工合成材料,防渗可选用土工膜、复合土工膜、土工织物膨润土垫(GCL)及复合防水材料等。

5.1.4 独立用于排水、隔离的无纺土工织物,其强度应符合表5.1.4的规定,单位面积质量宜为300~500g/m^2。通常环境条件下宜采用Ⅱ级,所处环境条件良好时可采用Ⅲ级,遇有冲刷等较恶劣环境条件时应采用Ⅰ级。

表5.1.4 无纺土工织物强度的基本要求

测试项目	单位	用途分类					
		Ⅰ级		Ⅱ级		Ⅲ级	
		伸长率<50%	伸长率≥50%	伸长率<50%	伸长率≥50%	伸长率<50%	伸长率≥50%
握持强度	N	≥1 400	≥900	≥1 100	≥700	≥800	≥500
撕裂强度	N	≥500	≥350	≥400	≥250	≥300	≥175
CBR顶破强度	N	≥3 500	≥1 750	≥2 750	≥1 350	≥2 100	≥950

注:表列数值指卷材沿强度最弱方向测试的最低平均值。

条文说明

在施工中以及使用期内,土工织物不可避免会受到外力的作用,因此,要求其具有一定的强度。表5.1.4是参考美国AASHTO Designation:M288—96 DRAFT 1995,对照我国生产的土工织物性能指标提出的。

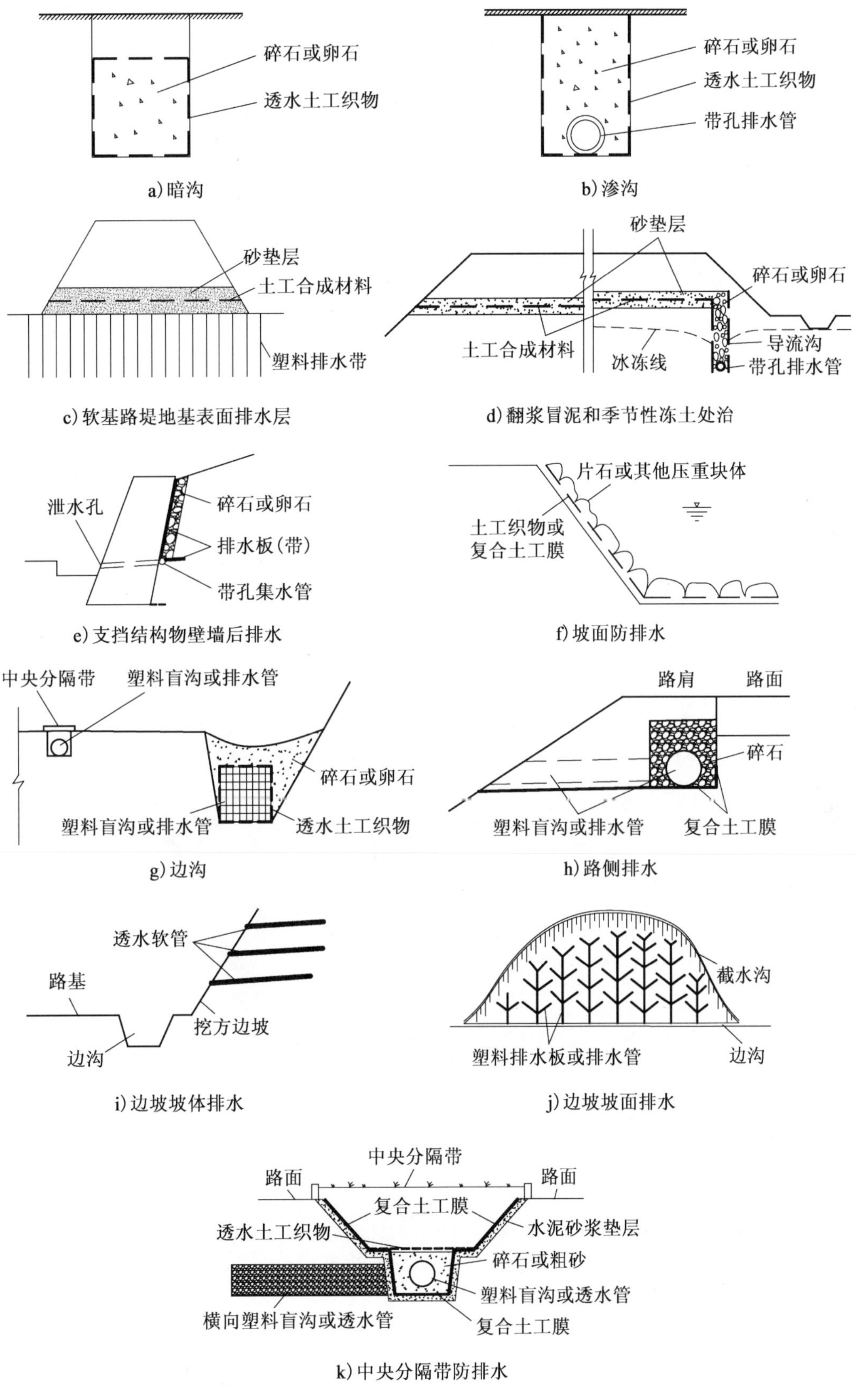

图5.1.1　土工合成材料应用于路基防排水的主要形式

5.1.5 与本章相关的流量计算、排水系统的布置、排水结构形式应按现行《公路排水设计规范》(JTJ 018)等相关规范中的相应条款执行。

5.2 过滤设计

5.2.1 用于过滤的土工织物,应满足挡土、保持水流畅通(透水)和防止淤堵三方面的要求。用于包裹碎石盲沟和渗沟的土工织物、处治翻浆冒泥和季节性冻土的土工织物、支挡结构物壁墙后的土工织物、水下坡面防护的土工织物,以及复合排水材料外包的土工织物等,应按过滤设计要求进行选择。

5.2.2 对一般工程结构设计或重要工程结构的初步设计,可按下列要求选定土工织物。对重要工程结构的施工图设计,除按下列要求选定土工织物外,还应根据实际的荷载、渗流、被保护土质、工程特点等条件,进行相应的试验或模型试验进行检验。

1 挡土要求:

$$\left.\begin{array}{ll} O_{95} \leqslant nd_{85} & \text{粗粒土(粒径 } d < 0.075\text{mm 的颗粒含量小于 50\%)} \\ O_{95} \leqslant 0.21\text{mm} & \text{细粒土(粒径 } d < 0.075\text{mm 的颗粒含量大于或等于 50\%)} \end{array}\right\} \quad (5.2.2\text{-}1)$$

式中:O_{95}——土工合成材料(土工织物)的等效孔径(mm);

d_{85}——被保护土的特征粒径(mm),按土中小于该粒径的土粒质量占总土粒质量的85%确定;

n——系数,与被保护土类型、级配、土工合成材料品种及所处工作状态有关,n 值宜根据试验确定,不宜小于2。

2 透水性要求:

$$K_G > AK_S \quad (5.2.2\text{-}2)$$

式中:K_G、K_S——土工织物的渗透系数(m/s)和被保护土的渗透系数(m/s);

A——系数,宜按工程经验确定,不宜小于10。

3 防淤堵要求:

$$\text{GR} = i_1/i_2 \leqslant G \quad (5.2.2\text{-}3)$$

式中:GR——梯度比;

i_1、i_2——土工织物被保护土侧与另一侧的水力梯度;

G——1.5~3.0,对容易淤堵的填料和使用场合,G 取较小值。

4 当排水失效后会引起巨大损失时,应进行室内淤堵试验,确定合适的材料与过滤结构。

条文说明

荷载、渗流、被保护土质情况等均会对土工织物的过滤性能产生影响。因此,需保证土工织物性能和结构的稳定,避免由于荷载的作用而导致其孔径发生大的变化。

过滤准则很复杂,包括挡土准则、透水准则、淤堵准则3个准则,对其研究已有40多年的历史。总的看来,静荷单向水流下的过滤准则较为成熟,动荷或双向水流下的过滤准则还处于研究阶段。在此提出的三方面要求,见式(5.2.2-1)~式(5.2.2-3),主要针对静荷单向水流,即水总是从被保护土体流入土工合成材料的情况。

挡土是挡住起骨架作用的土粒不流失,同时要求到达织物的细的土粒(15%左右)应通过织物孔眼流走,避免堵塞。但事实上,由于织物孔眼的拱效应、细粒形成土团,以及高分子聚合物强烈带电作用,如织物网眼选择不合适,土颗粒可能被堵在孔眼前(淤塞,clogging),或吸附在纤维上(淤阻,blocking),或者形成土饼(淤闭,blinding)完全阻住了水流的通过。

对静荷单向水流下的挡土准则,具有代表性且在国内工程中应用较多的是美国陆军工程师团准则(也称 Calhoun 准则)、Giround 准则和德国土力学及基础工程学会准则(也称 Heerteen 准则)。三个准则一种比一种考虑的因素更多,更为周到。Calhoun 准则只将土简单地分为粗粒土和黏粒土,用织物孔径和土颗粒径的大小对比来建立挡土准则;Giround准则考虑了被保护土颗粒级配情况和紧密情况;Heerteen 准则将被保护土分为有问题土和稳定土两大类,并考虑原土粒级配情况。这三个准则中,Calhoun 准则简单,物理概念明确,在我国工程中得到广泛使用。由于其一方面假定被保护土都是均质的(不均匀系数 $C_u<2$),没有考虑被保护土层可能形成天然滤层,在设计上偏于安全和保守,国内工程的实践经验认为在挡土方面是可靠的;另一方面,其土类的划分标准与我国现行土工试验规程划分标准较一致,织物的等效孔径试验方法和取值与我国多数部门或工程实践采用的方法、取值相近和相同。基于简单、便于应用、安全可靠、便于与现行方法标准衔接几个方面考虑,条文选取 Calhoun 准则作为挡土准则。

挡土和透水是一对矛盾,土工织物的选择是在挡土和透水之间寻求合理的平衡,根据材料的应用场合和所起的主要作用有所侧重。在过滤准则中,维持长期的透水性是最难的,而阻土的要求则较易达到。故各国的过滤准则中有将孔径加大的趋势。

n 值主要与被保护土类型、级配、土工织物品种及所处工作状态有关,《水利水电工程土工合成材料应用技术规范》(SL/T 225—1998)中 n 的取值如表5-1。

表5-1 系数 n 的取值

被保护土细粒($d\leqslant 0.075$mm)含量(%)	土的不均匀系数,或土工织物品种		n 值
$\leqslant 50\%$	$2>C_u, C_u>8$		1
	$4\geqslant C_u>2$		$0.5C_u$
	$8>C_u>4$		$8/C_u$
$>50\%$	有纺织物	$O_{95}\leqslant 0.3$mm	1
	无纺织物		1.8

大孔径滤层反滤系统的渗透稳定性研究表明,n 值在3~7的范围内,渗透系统挡土效果良好且不易发生淤堵。公路路基填筑土常常由不同粒径材料组成,发生少量的细颗

粒流失一般不会影响路基结构的稳定性,因此,对于公路结构,可以适当增大土工织物的孔径。但对粉土等较为均匀的细颗粒材料,在选择滤层材料时要谨慎,经验认为,此时增加一定厚度的砂砾料保护层效果易于得到保证。

在透水准则方面,目前常见的有两种表达方式:其一是以等效孔径和特征粒径表示的准则,要求织物的孔径大于某一数值,如 $O_{95}>d_{15}$;其二是以渗透系数表示的准则,要求织物的渗透系数 k_g 大于土渗透系数 k_s 乘以某一数值,如 $k_g>Ak_s$。FHWA 取 $A=1\sim10$,法国土工织物与土工膜委员会取 $A=(10^3\sim10^5)T_g$(T_g 为织物厚度,m)。郭庆国(1992)研究了三种土工织物渗透系数随压力的变化,得出压力由 0 ~ 1 600kPa,渗透系数平均降低到原来的 1/14.8。杨光煦(2009)提出:$k_g>10i_s\cdot k_s$,i_s 为临近滤层被保护土中的渗流坡降,其取值见表 5-2。综合分析各研究情况,参考《土工合成材料应用技术规范》(GB 50290—98)的规定,认为对新的土工织物取 $k_g>10k_s$ 比较合适。

表 5-2 不同部位的渗流坡降 i_s 值

应用部位	排水边坡	路面边缘排水、地下隧道排水	垂直墙排水,填土溶滤液收集、分离、转移及析出系统	均匀黏性土堤坝,海岸线保护、防汛抢险
i_s 值	≤1.0	1.0	1.5	10

在淤堵准则方面,美国陆军工程师团曾利用不同种类的无黏性土和土工织物进行了梯度比试验,得出 GR≤3 的梯度比准则。随着国内外研究的进一步深入,一些研究人员对具体的取值及试验结果的实用性等提出异议,较多观点认为,GR = 3 太大,因为在实际工程中,GR 值很少大于 1.5(陆士强等,1994)。研究表明,土和土工织物共同组成了一个平衡的反滤系统,而不是织物单独起作用,少量细颗粒的流失是允许的(包承纲,2008)。因此,本规范对梯度比采用了 1.5 ~ 3.0。

对动荷载及双向水流下的过滤准则,尽管也提出了一些研究成果,但由于其受力条件及水流情况的复杂性,始终未得出比较通用的过滤准则。一般认为,由于这两种情况使土工织物所处环境更为恶劣,对织物滤层的要求更为严格,以采用较厚的无纺织物并与砂层相结合的措施较为合适。

对公路工程而言,双向水流情况较少(一般仅在沿河护坡工程及沿河挡土工程中遇到),动荷作用也不大,因此,没单独提出要求。在沿河挡护工程中,土工织物滤层不会单一暴露在外,其上往往有块石或混凝土块覆盖层。据王殿武(1992)的研究结果,在此条件下,可取 $O_{90}<(2.5\sim10)d_{90}$。这一要求比 Calhoun 准则要求还宽松些。因此,对公路工程中的双向水流情况,可以参考采用静荷单向水流的过滤准则。

考虑到过滤准则的复杂性,要求对重要的工程或结构,需要根据实际工程情况进行相应的渗透试验、淤堵试验或模型试验,选择土工织物。

5.2.3 在处治冒泥翻浆或季节性冻融翻浆工程中应用土工织物时,应在土工织物上铺设 10 ~ 20cm 中粗砂保护层,在其下铺设 5 ~ 10cm 的中粗砂垫层,提高过滤效果。砂层间的土工织物除应满足 5.2.2 条要求外,其孔径尚应满足式(5.2.3)的要求:

$$反滤均匀:O_{95} \leq 2d_{50} \tag{5.2.3}$$

5.3 排水设计

5.3.1 应根据排水需求、土工合成材料的排水能力以及与其配合的其他排水材料的排水能力,综合确定排水体的断面尺寸。排水体的位置、布置方式、结构形式等应根据相应规范进行设计。

5.3.2 土工合成材料强度应满足现行《公路工程土工合成材料　排水材料》(JT/T 665)的要求。应根据其埋设深度和承受荷载,选用相应的规格。在实际荷载作用下,土工合成材料排水截面最大压缩率应小于15%。

条文说明

土工排水材料在受力时,截面会产生压缩,造成排水断面减小,影响排水能力。因此,对截面压缩率提出了要求。

5.3.3 土工织物包裹的碎石暗沟与渗沟,以及包裹的带孔塑料管、波纹管、混凝土管、钢管等,其尺寸以及布置方式、间距、坡度等,应根据具体的渗入水量、水力梯度、碎石暗沟或渗沟的渗透系数按相关规范的有关规定确定,外包的土工织物应满足5.2.2条的要求。

5.3.4 外包土工织物的带孔塑料管、波纹管、混凝土管、钢管等管件及透水软管,其排水安全系数 F_b 应满足式(5.3.4)的要求。

$$F_b = \frac{Q_c}{Q} \geq 2.0 \sim 5.0 \tag{5.3.4}$$

式中:F_b——安全系数,对能清淤的管道,F_b 取较小值,对难以清淤的管道,F_b 取较大值;

Q——需要排出的水流量(m^3/s);

Q_c——管件的排水能力,即能排出的水流量(m^3/s),其值取渗入管内的水流量 q_e 和管件的排水流量 q_t 两者中的小者。

5.3.5 用塑料排水带插入软土地基,加速地基排水固结时,其设计应按现行《公路路基设计规范》(JTG D30)的相应条款执行。

5.3.6 将土工织物或塑料排水板(带)等土工复合排水材料水平放置,排除地基土固结水或其他水流时,排水材料应贯穿路堤底部,并保持一定的坡度,如图5.3.6所示。

1　在平面上,可采用平行排列式或鱼刺式方式进行铺设,也可满铺。在纵面上,可一层铺设,也可采用间隔的方式两层甚至多层铺设;当软弱地基厚度大,需要排除的固结水较多时,应和砂砾(碎石)排水垫层等排水措施联合应用。

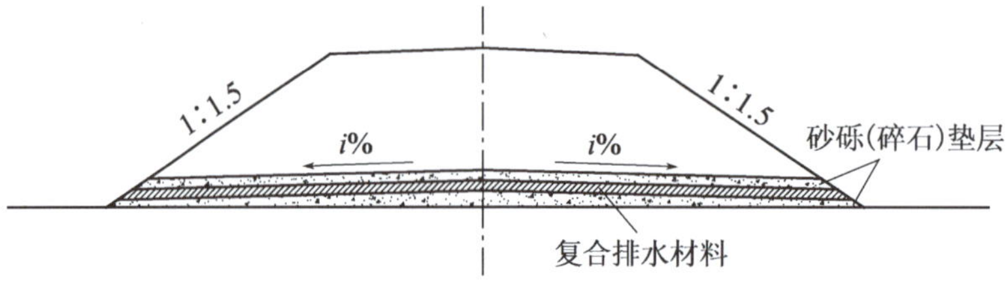

图5.3.6　土工合成材料用于软弱地基顶部排水

2　铺设的数量应根据地基固结排出的水量确定,并应满足式(5.3.6)的要求。

$$q_c \geqslant kq \tag{5.3.6}$$

式中:q——垂直于水渗流方向,每延米需排出的水流量(m^3/s);

q_c——土工织物、塑料排水板(带)等土工复合排水材料出水断面每延米的排水能力(m^3/s);

k——安全系数,取1.5~2.0,对于易淤堵和较重要的使用场合,取较大值。

5.3.7　单独将土工复合排水材料用于路基排水时,应根据场地条件、需要排除的水流量确定复合排水材料的尺寸、数量和位置。

1　用于挖方路基的路侧排水时,土工复合排水材料应沿路侧竖向铺设,如图5.3.7-1a)所示;用于填方区路基的路侧排水时,土工复合排水材料宜铺设在路面底基层或垫层底面以下的适当位置,并伸出边坡坡面,铺设坡度宜与路拱横坡一致,如图5.3.7-1b)所示。

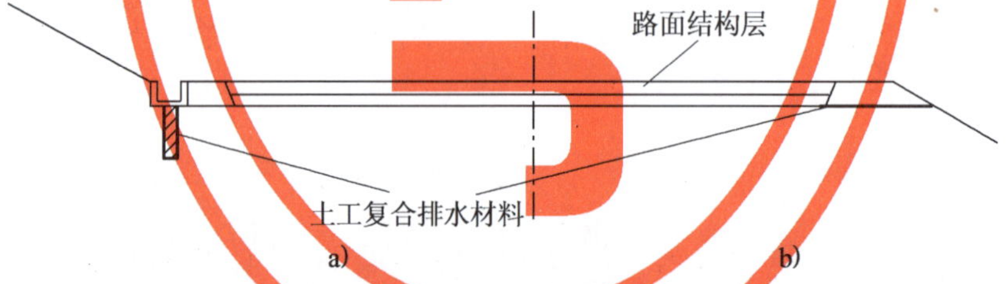

图5.3.7-1　挖方路段和填方路段路基路侧排水

2　用于路基顶部排除地下水或因负温差作用而积聚在路基上层的自由水时,应根据场地水位置或预计可能出水的位置确定土工复合排水材料具体范围、铺设宽度和间距,宜采用与路拱横坡一致的坡度,铺设方式可采用平行排列式或鱼刺式,如图5.3.7-2所示。

3　用于填挖结合部排水时,土工复合排水材料应设置在地下水容易渗出的部位,布置方向应与渗水方向垂直,且应和路基其他排水设施相接,将水有效排出路基外,如图5.3.7-3所示。

4　用于墙(台)背排水时,土工复合排水材料宜沿整个墙高铺设,如图5.3.7-4所示。以排除填土积水为主时,土工复合排水材料可满铺或以1~2m的间距沿墙(台)背布设;铺设时,土工复合排水材料应采取合适的方式固定于墙背。以排除地下渗流水为主时,应通过有关流量计算来确定排水材料的布设间距和数量。

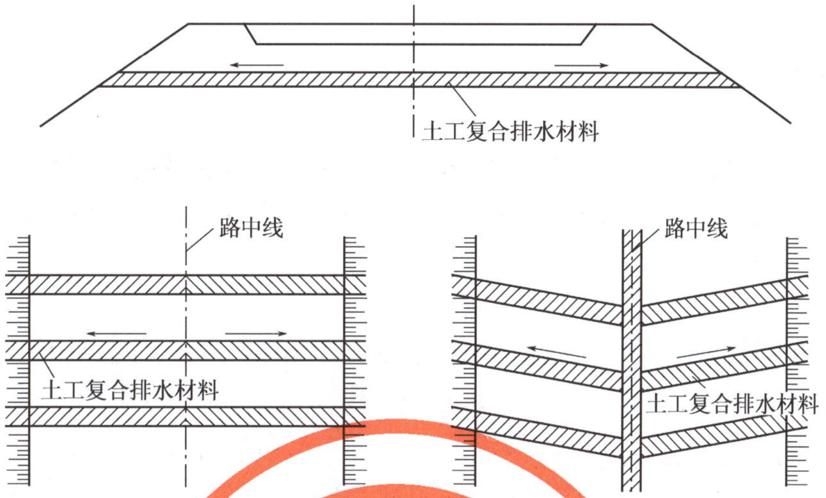

图 5.3.7-2　路基顶部排水

图 5.3.7-3　填挖结合部排水

5.3.8　土工织物用于治理季节性冻融翻浆时，应埋设在路基冬季最大冻深线以下，并能够与其他排水结构配合形成完善的排水体系，及时排除地下水，保证冻深范围内路基处于干燥或中湿状态。最大冻深线应根据当地气候条件确定。

5.3.9　土工复合排水材料不宜弯折，在出现弯折的情况下，应对弯折部位的通水能力进行折减，并验算接头、转角部位排水体的通水能力。

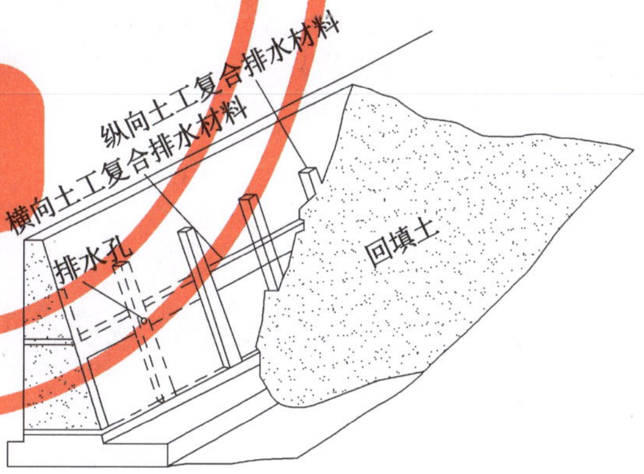

图 5.3.7-4　墙（台）背排水

条文说明

土工复合排水材料在弯折的情况下，排水能力会下降。试验得出：塑料排水板在弯曲率为 40% 时，排水能力下降 50% 左右；在弯曲率为 50% 时，排水能力下降 60% 左右。因此，土工复合排水材料不宜弯折。

5.4 防渗设计

5.4.1 土工合成材料可用于公路中央分隔带防渗、路肩底部防渗、排水结构防渗、坡面防渗等。防渗采用的土工合成材料,其规格和强度应满足现行《公路工程土工合成材料防水材料》(JT/T 664)的要求。

5.4.2 用于公路中央分隔带防渗、路肩底部防渗、排水结构防渗的土工合成材料宜为“两布一膜”,对分隔带防渗与排水结构防渗,其规格宜为织物质量/膜厚/织物质量 = 200g/(0.5 ~ 1mm)/200g;对路肩底部防渗,膜厚可采用 0.3mm。必要时,在土工合成材料铺设前,可铺设一层 2 ~ 5cm 厚的水泥砂浆找平层。

1 用于中央分隔带防渗时,应铺设于中央分隔带沟槽底部,并宜在中央分隔带护栏立柱打设后铺设,以免遭到破坏,如图 5.4.2-1 所示。

2 用于排水结构底部和侧边防渗时,应铺设于靠近路基侧或排水结构下侧位置,如图 5.4.2-2 所示。

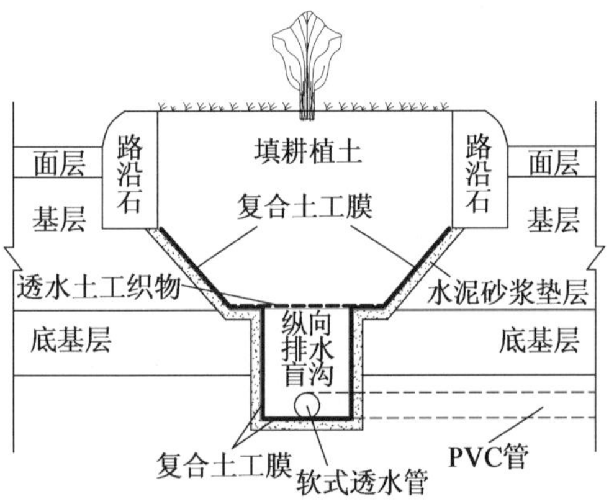

图 5.4.2-1 中央分隔带防渗

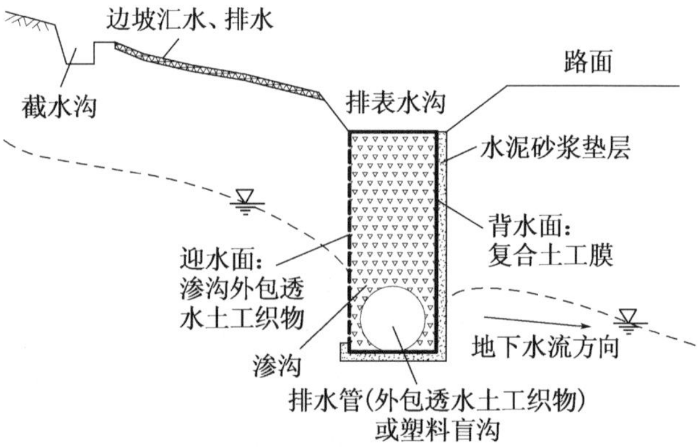

图 5.4.2-2 排水结构防渗

3 用于土路肩底部防渗时,应铺设于土路肩底部;当土路肩外侧有挡土结构时,应预留排水出口。

条文说明

中央分隔带沟槽和排水结构物的防渗,主要是防止水分渗入路基,造成路基强度降低,所以未提出进行水力验算的要求。在防渗材料选择上,土工膜、一布一膜或两布一膜均可满足防渗需要。但单纯的土工膜容易受施工和填料的影响造成损坏,需要设置垫层和保护层。从实际工程效果看,两布一膜对膜保护较好,还有一定的排水排气作用,因此,推荐采用两布一膜。

5.4.3 土工合成材料作路基防渗隔离层时,应符合以下要求:

1　防渗隔离层应采用复合土工膜等复合防水材料，一般工程土工膜厚度不应小于0.3mm，重要工程土工膜厚度不宜小于0.5mm。

2　防渗隔离层下部应设置砂砾垫层，隔离层上部应设置砂砾保护层，厚度均宜为10cm，如图5.4.3所示。砂砾垫层和保护层应级配良好，不得含有大粒径有棱角尖锐石子，含泥量不得大于5%。

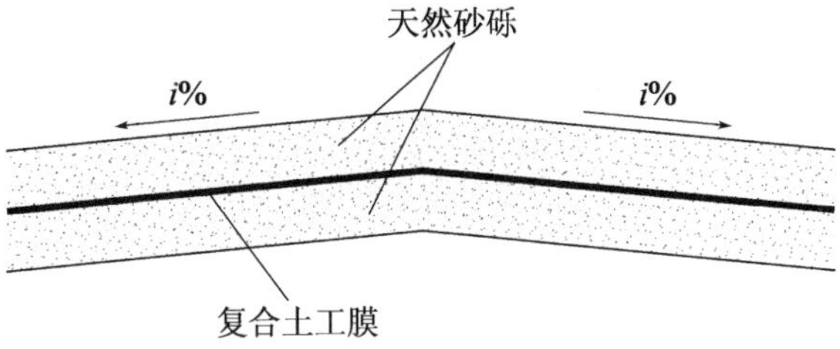

图5.4.3　土工合成材料防渗隔离层

3　防渗隔离层应与其他防排水结构物紧密配合，形成完善的防排水系统。

条文说明

防渗隔离层若设置不当，会引起新的路基病害，因此，对防渗隔离层提出较详细的要求。

5.5　施工要点

5.5.1　土工合成材料的储存应避光防潮，应根据工程进度情况，分批适量取用。

5.5.2　应根据功能要求、工程结构和施工条件，确定土工合成材料的长度、幅宽，施工前应做好剪裁和连接工作。

1　土工织物连接可采用缝合法或搭接法。缝合宽度不应小于10cm，结合处抗拉强度应达到土工织物极限抗拉强度的60%以上；搭接宽度不应小于30cm。

2　土工膜连接宜采用有热熔焊接法，局部修补也可采用胶黏法，连接宽度不宜小于10cm。正式拼接前应进行试拼接，采用的胶料应在遇水后不溶解。

3　软式透水管的连接可采用绑扎法，接头处外包的土工织物应相互覆盖。

4　土工复合排水材料的连接可采用芯材插接、搭接以及专用连接构件等方法，搭接长度应大于20cm，并将滤材包好、裹紧后，用镀锌细铁丝或尼龙绳绑扎牢固。

条文说明

土工织物的缝合是将两片土工织物用手提缝纫机缝起来。缝合形式有平接缝、丁形接缝和蝶形接缝等，如图5-1所示。缝线可为1道、两道甚至3道，其中以蝶形接缝强度最高。

土工膜的连接有热熔焊接法和胶黏法。热熔焊接法焊缝抗拉强度较高，质量易于保障，应用较普遍。胶黏法多用于局部修补。为保障拼接质量，对连接方法提出了要求。

软式透水管常用的绑扎接头形式如图5-2所示。

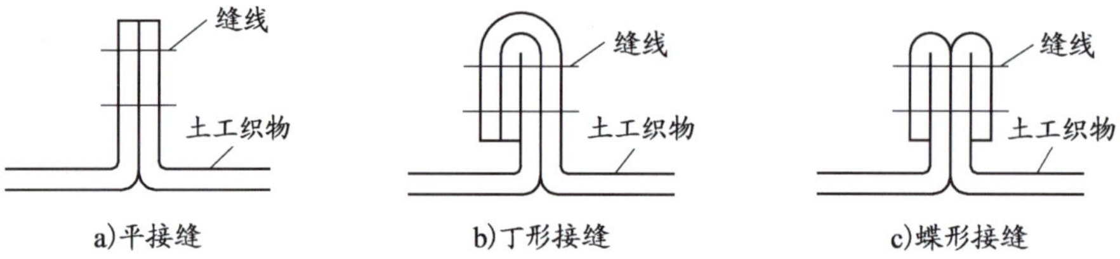

图 5-1 土工织物缝合方式

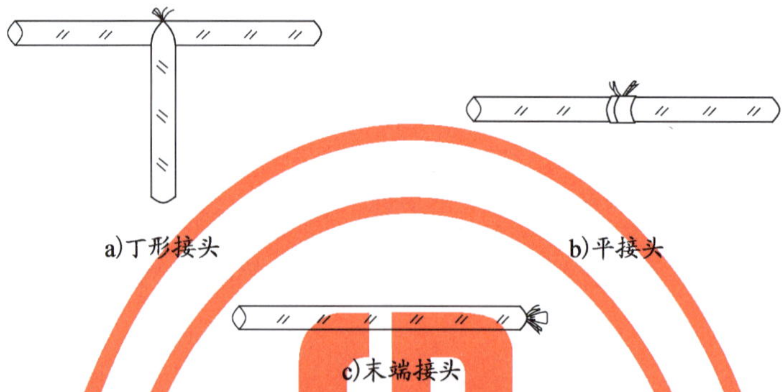

图 5-2 软式透水管的连接方式

5.5.3 土工合成材料的铺设应平顺,严禁出现扭结、断裂和撕破土工膜等现象。铺设时可适当拉紧,两端埋入土体部分应成波纹状;与刚性结构连接时,应留有一定伸缩量。

5.5.4 在坡面上铺设土工合成材料时,宜自上而下铺设并就地连接;土工合成材料应紧贴被保护层,不宜拉得过紧。

5.5.5 应采取以下措施加强施工期土工合成材料的保护:

1 铺设土工合成材料前,应平整场地,清理树根、灌木或尖石等场地杂物。

2 施工车辆不得直接在土工合成材料上作业,可采取先碾压、后挖槽铺设等措施减小施工车辆荷载的影响。

3 土工合成材料上方填石料时,应在保护层完成后再填筑,严禁将石料直接抛落于土工合成材料上。

5.5.6 当施工中发现土工合成材料被破坏时应及时修补,修补应满足5.5.2条土工合成材料连接的要求。

6 路基防护

6.1 一般规定

6.1.1 土工合成材料坡面防护可采用三维土工网、平面土工网、土工格栅、土工格室、植生袋。沿河和库海岸路基冲刷防护可采用土工织物软体沉排、土工模袋等。土工格栅喷射混凝土坡面防护可用于低等级公路边坡防护。

6.1.2 当需要考虑紫外线影响时,应进行土工合成材料抗老化性能检验,室内紫外线辐射强度为 $550W/m^2$ 照射 150h,强度保持率应大于 80%。当需要考虑土工合成材料受力时,应进行强度折减,强度折减系数可按表 6.1.2 取用。

表 6.1.2 路基防护工程土工合成材料强度折减系数

材　料	聚　酯	聚 丙 烯	聚 乙 烯
折减系数	1.5~2.5	2.0~3.0	1.5~3.0

注:环境对土工合成材料强度影响较大时,取高值,反之取低值。

条文说明

实际情况下,土工格室回填土后,其大部分埋于土中;边坡绿化往往采用草灌结合进行植被绿化,随着植物的生长,三维土工网、土工格栅、土工格室受到的紫外线影响会减弱。对边坡绿化防护采用的三维土工网、土工格栅现场取样进行室内拉伸试验,强度保持率基本在80%左右,相当于折减系数为1.25。

我国《公路工程土工合成材料　土工格栅》(JT/T 480—2002)、《公路工程土工合成材料　土工网》(JT/T 513—2004)、《公路工程土工合成材料　土工格室》(JT/T 516—2004)提出:在紫外线辐射强度为 $550W/m^2$ 照射 150h 条件下,光老化等级应符合表 6-1 的规定。

对需要考虑紫外线影响的土工合成材料应用场合,如边坡生态防护工程,考虑到实际应用条件,条文采用了表 6-1 光老化等级为Ⅲ的要求。

除土工格室生态防护外,其他生态防护措施中,土工合成材料受力很小,一般不进行受力分析计算。土工格室置于边坡上,长期受到格室内填土下滑力的作用,需要考虑其蠕变特性,因此需要对强度提出要求,考虑紫外线对强度的影响,参考第 4 章加筋工程蠕变折减系数,提出了表 6.1.2 所示的强度折减系数值。

表 6-1　土工合成材料光老化等级

光老化等级		Ⅰ	Ⅱ	Ⅲ	Ⅳ
强度保持率(%)		<50	50~80	80~95	>95
塑料土工格栅	工程情况	无光老化要求	0.5~1 年临时工程	1~3 年施工期	3~8 年质保工程
	炭黑含量(%)	—	≥2.5±0.5		
塑料土工网	炭黑含量(%)	—	≥2.0±0.5		
塑料土工格室	炭黑含量(%)	—		≥2.0±0.5	

6.2　坡面防护

6.2.1　坡面防护应在边坡稳定的前提下进行,应根据边坡坡率、岩土性质、施工工艺和防护目的,选用合适的土工合成材料。

6.2.2　土工合成材料可单独用于坡面生态防护,也可与钢筋混凝土框架或浆砌片石骨架共同进行坡面防护。用于坡面生态防护的土工合成材料可采用三维土工网、平面土工网、土工格栅等,其性能应满足表 6.2.2-1 ~ 表 6.2.2-3 的要求。对一般护坡工程,土工格室焊距宜为 40 ~ 68cm,格室高度宜为 8 ~ 20cm,格室壁厚宜为 1.2mm 左右;平面土工网极限抗拉应大于 5kN/m,土工格栅极限抗拉应大于 25kN/m。

表 6.2.2-1　坡面生态防护三维土工网性能要求

单位面积质量(g/m^2)	厚度(mm)	极限抗拉强度(kN/m)	
		纵向	横向
≥400	≥16	≥3.2	≥3.2

表 6.2.2-2　坡面生态防护土工格室片材性能要求

项　　目	单　　位	聚丙烯材料	聚乙烯材料
环境应力开裂 F_{50}	h	—	≥1 000
低温脆化温度	℃	≤ -23	≤ -50
维卡软化温度	℃	≥142	≥112
氧化诱导时间	min	≥20	≥20

表 6.2.2-3　坡面生态防护土工格室性能要求

项　　目		单　　位	聚丙烯土工格室	聚乙烯土工格室
外　　观		—	格室片应平整、无气泡、无沟痕	
格室片的极限抗拉强度		MPa	≥23	≥20
焊接处极限抗拉强度		kN/m	≥20	≥20
格室组间连接处抗拉强度	格室片边缘	kN/m	≥20	≥20
	格室片中间	kN/m	≥20	≥20

条文说明

尽管各种坡面生态防护方法的施工各不相同，但却具有共同点，即首先需在坡面上营造植物生长所必需的土层条件，然后再采用液压喷播或撒播的方法植草。因此，应用于生态防护的土工合成材料应具有一定的强度。根据我国多条公路的实践经验，参照我国“公路工程土工合成材料系列标准”，提出了条文所示的坡面生态防护土工合成材料要求。

6.2.3 三维土工网、平面土工网、土工格栅边坡生态防护可用于坡率不陡于1∶0.75的土质边坡和强风化石质边坡，其结构形式如图6.2.3所示。三维土工网、平面土工网、土工格栅铺设时应平顺并紧贴坡面，并用锚钉固定于坡面上。锚钉宜采用ϕ6～10mm钢筋制作，长度宜为30～50cm，完整岩体边坡可取小值，土质及破碎岩体边坡宜取大值；竖向间距宜为1.0m，横向间距宜为1.0～1.5m。在坡上、下两端应各留不少于30 cm，并用U形钉交错固定。搭接宽度应大于10cm，搭接部分可用尼龙绳或镀锌细铁丝连接，并用U形钉固定，土工格栅亦可用连接棒连接。

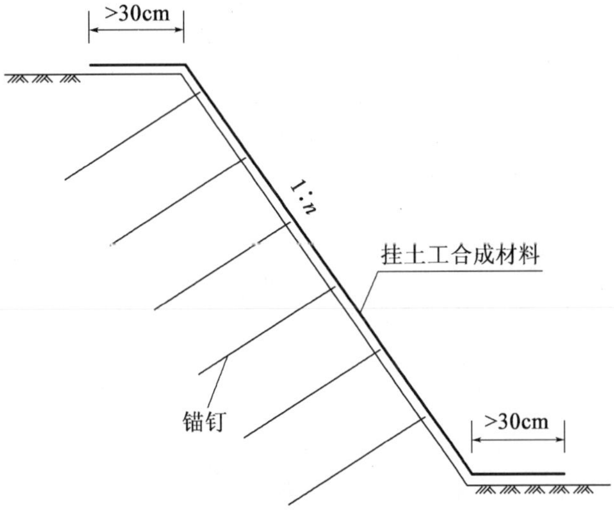

图6.2.3 三维土工网、平面土工网与土工格栅坡面生态防护结构形式

6.2.4 土工格室用于坡面生态防护时，每级坡高不应超过10m。当坡率缓于或等于1∶0.75时，可采用平铺式；当坡率陡于1∶0.75时，宜采用叠置式，土工格室叠置的宽度不得小于100cm，如图6.2.4所示。土工格室应采用锚杆进行固定，锚杆宜采用ϕ12mm钢筋，锚孔直径宜为ϕ38～42mm，孔内应灌注M30砂浆，在土层或全风化～强风化岩层中，锚杆入土深度宜为50～100cm，在中等～弱风化岩层中入岩层深度不应小于30cm。采用平铺式时，每隔3个焊点宜设一个固定锚杆，在坡面上呈上密下疏布置，布置的水平、垂直间距可参考表6.2.4确定；采用叠置式时，在断面上每级台阶应设置一个固定锚杆，锚杆的水平间距可参考表6.2.4确定。

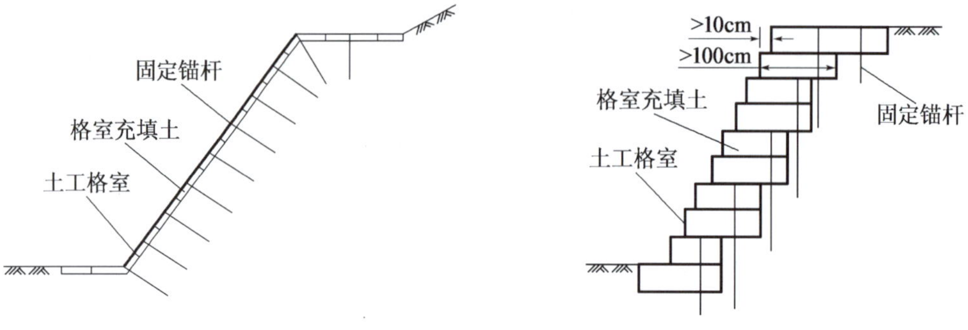

a)平铺式护坡　　b)叠置式护坡

图 6.2.4　土工格室坡面生态防护结构形式

表 6.2.4　土工格室锚杆锚固长度和布置间距

边坡坡率与岩性		锚固长度(m)	竖直间距(m)	水平间距(m)
1:0.5	土质	0.75 ~ 1.0	0.75 ~ 1.0	1.0 ~ 1.5
	岩质	0.5 ~ 0.75	1.0 ~ 1.5	1.0 ~ 1.5
1:1.0	土质	0.5 ~ 0.75	1.0 ~ 1.5	1.5 ~ 2.0
	岩质	0.3 ~ 0.5	1.5 ~ 2.0	1.5 ~ 2.0
1:1.5	土质	0.5 ~ 0.75	1.5 ~ 2.0	1.5 ~ 2.0
	岩质	0.3 ~ 0.5	1.5 ~ 2.0	1.5 ~ 2.0

注:锚杆长度 = 锚固长度 + 格室高度。

6.2.5　土工格栅喷射混凝土边坡防护可用于坡率为 1:0.2 ~ 1:1.0 的强风化和中等风化、节理裂隙发育、碎裂结构的岩质边坡,其结构形式如图 6.2.5 所示,材料性能应满足表 6.2.5-1的要求。

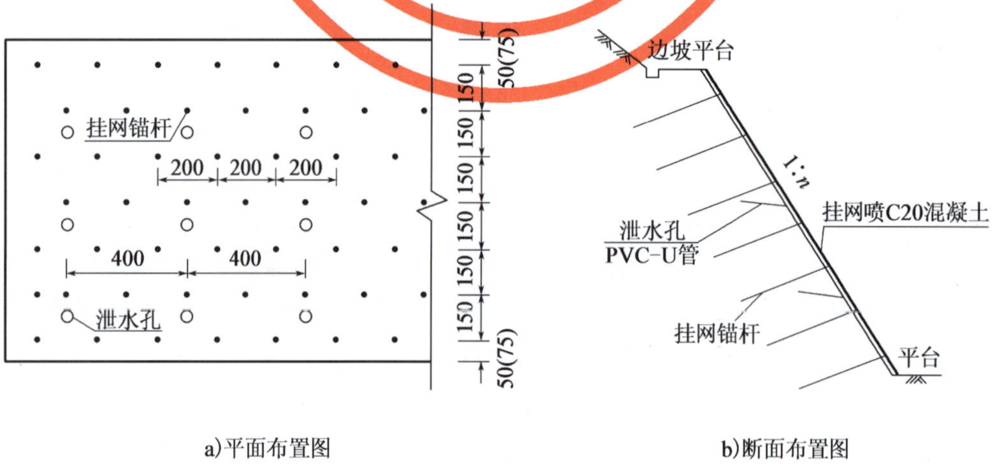

a)平面布置图　　b)断面布置图

图 6.2.5　土工格栅喷射混凝土坡面防护结构形式(尺寸单位:cm)

表 6.2.5-1　土工格栅喷射混凝土坡面防护材料性能要求

材　　料	要　　求
土工格栅	双向拉伸格栅，网孔孔径不小于 40mm，极限抗拉强度不小于 30kN/m
喷射混凝土	C20～C30 混凝土并加入速凝剂
锚杆	HRB335 钢筋，直径 16～22mm

1　锚杆宜采用梅花形布置，间距宜为 100～200cm，护坡边缘部位锚杆应加密，锚杆进入稳定岩层内的深度不得小于 50cm，岩层局部破碎地段，可根据围岩的具体情况，随机加设锚杆或加长锚杆；锚孔宜与坡面垂直，孔径以 38～60mm 为宜，孔深应大于设计锚固长度 20cm，孔内应灌注 M30 水泥砂浆。

2　沿边坡纵向每隔 15m 应设置一条宽 5cm 的伸缩缝，缝内填塞沥青麻筋或泡沫板。应按设计要求在坡面喷射混凝土护层内设置泄水孔。

3　应按现行《公路路基设计规范》(JTG D30)划分边坡岩体类型，采用以边坡岩体类型分类为基础的工程类比法进行喷射混凝土设计，确定喷射混凝土层厚度。各级边坡岩体类型对应的喷射混凝土层厚度可参考表 6.2.5-2 取值。喷射混凝土设计强度等级宜为 C20～C30，1d 龄期的抗压强度不得低于 5MPa。

表 6.2.5-2　边坡岩体类型与对应喷射混凝土层厚度

边坡岩体类型	Ⅰ	Ⅱ	Ⅲ	Ⅳ
喷射混凝土层厚度(cm)	5～8	8～10	10～12	12～15

6.2.6　土工合成材料坡面生态防护施工应符合以下要求：

1　铺设土工合成材料前应整平坡面，清除杂草、石块、树根等。

2　土工合成材料应紧贴坡面铺设，在坡上、下两端应各留 30 cm 以上并采用 U 形钉固定；施工过程中应避免拉断、顶破土工合成材料。土工格室应采用插件式连接，对于平铺式护坡，土工格室应沿坡面自上而下铺设，坡顶应加强锚固；对叠置式护坡，土工格室应沿坡脚自下而上铺设；坡顶、坡脚平铺包边宽度宜为 0.5～1.0m，并应夯填加固。锚杆外露坡面部分应进行防锈处理。

3　喷射客土应为土、肥料及含腐殖质土的混合物。回填土或喷射客土的厚度应满足设计要求，无网包外露、空包或压包现象。土工格室内回填土应使用振动板使之密实，靠近表面时应用潮湿的黏土回填，并应高出格室面 1～2cm。

4　应将植物种子和附着剂、纸纤维、复合肥、保湿剂及水等按一定比例混合搅拌形成均匀混合液后，再采用专门的液压喷播技术喷播植物。

5　雨季施工，应加盖无纺织物或稻草、秸秆编织席，促进植物的发芽生长。覆盖物应在植物长出了 3～5cm 后除去。

6　应加强边坡防护的养护管理，保持植物全苗、齐苗，并应注意及时浇水、施肥和防治病虫害。

6.2.7 土工格栅喷射混凝土坡面防护的施工工艺可参照挂钢筋网喷射混凝土坡面防护,并应满足以下要求:

1 防护工程施工前,应清除坡面上松动的岩块石及碎石、岩屑、浮土等杂物。当岩面有较大凹洼时,应采用C20混凝土嵌补,平整坡面;对局部不稳定的岩块应进行加固或清除;对较大的裂缝应进行灌浆或填缝处理。

2 锚杆施工定位应准确,水泥砂浆应灌注至孔底,压浆应饱满。锚杆出露部分应弯曲以固定土工格栅。

3 挂设土工格栅时,固定锚杆的砂浆强度应达到设计值的70%。土工格栅铺设应平顺,距坡面应不小于2cm。相邻土工格栅间应用铁丝相互连接并适当拉紧。

4 喷射的混凝土层应采用硅酸盐水泥或普通硅酸盐水泥。混凝土喷射前应清除边坡面岩粉,湿润坡面,确保坡面、混凝土、土工格栅间的牢固黏结。喷射作业应分段、分片、分层,由下而上进行,覆盖土工格栅的混凝土层厚度不得小于2cm,土工格栅及锚杆头不得外露,雨、雪、大风天气及气温低于5℃时不得进行喷射作业。

5 混凝土初凝后,应在常温下洒水养护。养护时间不宜少于5d,每天洒水不宜少于3次。在养生过程中如果发现剥落、外鼓、裂纹、局部潮湿、色泽不均等不良现象,应分析原因,采取补救措施。

6.3 路基冲刷防护

6.3.1 土工织物软体沉排可用于水下工程及预计可能发生冲刷的路基坡面。可采用单片垫和双片垫两种结构形式。

条文说明

土工织物软体沉排是在土工织物上以块石或预制混凝土块体为压重的护坡结构,常用的软体沉排有砂肋软体排、混凝土联锁块软体排、砂肋软体排与混凝土联锁块软体排相结合的混合软体排等。

单片垫是利用土工织物拼接成大面积的排体;双片垫是将两块单片垫重叠后按一定距离和形式将两片垫连接在一起而构成管状或格状空间,其中再填充透水性材料(如砂卵石等),起到防冲与反滤的作用。双片垫的结构形式如图6-1所示。

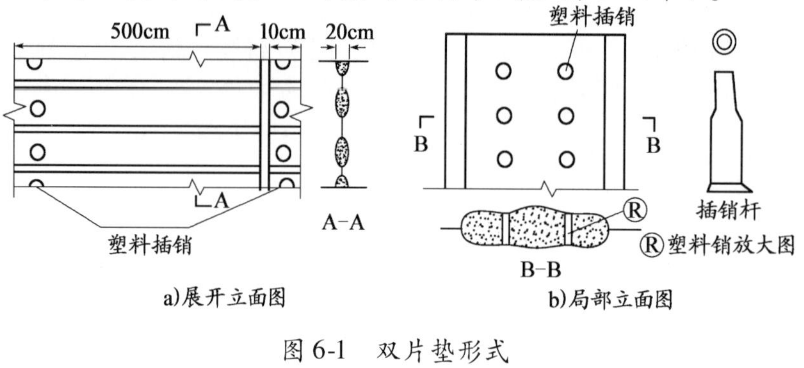

图6-1 双片垫形式

6.3.2 排体材料可采用编织型土工织物，其等效孔径 O_{95} 应满足式（5.2.2-1）的要求。排体材料应每隔 30～50cm 设一根用于加固排体和施工时牵引定位的尼龙绳。

6.3.3 垂直于水流方向的排体宽度以枯水位为界，水上部分护坡宽度应根据平整后的坡面和用于固定的宽度确定；水下部分护坡宽度，应根据与水上排体连接、固定所需的排体宽度和主体宽度确定。顺水流方向排体的长度应根据需防护的路基边坡段长度确定。

$$b = F_1 C_1 C_2 \sqrt{1 + m_0^2}(\overline{H} + H_{max}) \tag{6.3.3-1}$$

$$H_{max} = H_m\left(\frac{2B}{R_m} + 1\right) \tag{6.3.3-2}$$

式中：b——主体宽度（m）；

C_1、C_2——排体的褶皱系数和收缩系数，宜取 $C_1 = 1.4$，$C_2 = 1.05$；

F_1——安全系数，取 1.2；

$\overline{H}$——枯水位时的平均水深（m）；

H_{max}——河床最大冲刷深度（m）；

m_0——水下冲刷稳定边坡坡度，宜取 $m_0 = 2.0 \sim 2.5$m；

H_m——计算断面冲刷前平均水深（m）；

B——达到最大冲刷时的河流宽度（m）；

R_m——弯曲段河流曲率半径（m）。

6.3.4 对土工织物软体沉排，应验算排体抗浮、排体压块抗滑、排体整体抗滑三方面的稳定性，并满足以下要求：

1 排体抗浮稳定性应满足式（6.3.4-1）的要求。

$$\Delta h_g \leqslant \frac{\gamma'_m}{\gamma_w} t_m \cos\alpha \tag{6.3.4-1}$$

式中：Δh_g——排体上下的水头差（m）；

γ'_m——排体连同压块在水上的重度（kN/m^3）；

γ_w——水的重度（kN/m^3）；

α——岸坡坡角（°）；

t_m——排体垂直于岸坡的厚度（m）。

2 排体压块抗滑稳定性应满足式（6.3.4-2）的要求。

$$F_2 = \frac{f_{cg}}{\tan\alpha} \geqslant 1.2 \tag{6.3.4-2}$$

式中：F_2——安全系数；

f_{cg}——压块与排体间的摩擦系数（在水下用水下值）；

α——岸坡坡角（°）。

3 排体整体抗滑稳定性应满足式(6.3.4-3)的要求。

$$F_3 = \frac{(\gamma_{cm} t_{cm} \cos\alpha - \Delta h_g \gamma_w) f_{sg}}{\gamma_{cm} t_{cm} \sin\alpha} \geqslant 1.2 \tag{6.3.4-3}$$

式中:F_3——安全系数;

γ_{cm}——排体连同压块扣除浮力影响后的平均有效重度(kN/m^3);

t_{cm}——排体连同压块的总厚度(m);

f_{sg}——排体与坡面的摩擦系数,在水下用水下值;

其余符号同式(6.3.4-1)。

条文说明

土工织物软体沉排可能存在排体浮动、压块沿排体滑动、排体同压块整体沿坡面滑动三方面的稳定问题,因此,要求验算这三方面的稳定性。

6.3.5 土工织物软体沉排施工前,应平整坡面并压实,保证沉排与坡面接触良好;排体间搭接宽度不宜小于0.5m,并应按要求缝合;排面压重可采用人工施工或机械施工。

6.3.6 可根据图6.3.6选择土工模袋防护应用的主要场合及铺设形式。应用于护坡时,边坡的坡率不得陡于1:1;水下施工时,水流速度不宜大于1.5m/s。应根据工程要求和当地土质、地形、水文、经济与施工条件等进行模袋选型,根据出水流量选定模袋滤水点分布数量;当选用无滤水点模袋时,应增设渗水滤管。

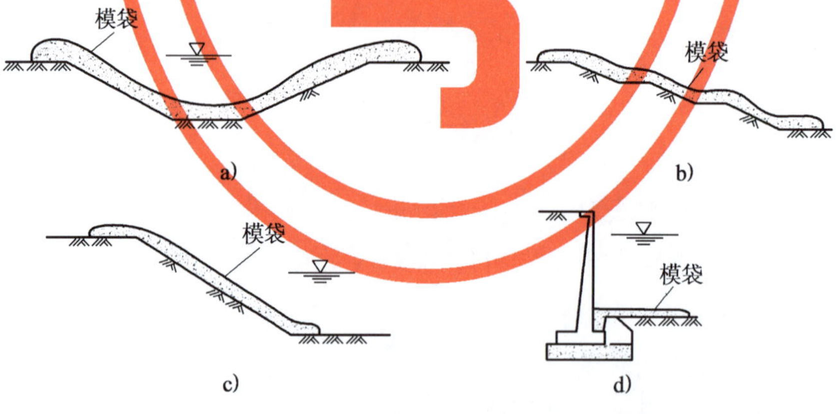

图6.3.6 土工模袋的应用及铺设形式

条文说明

坡面过陡,容易导致模袋失稳;在水下施工水流太快,容易导致模袋充填困难。因此,规定了适用的边坡坡率和水流速度要求。

土工模袋的品种有多种,如有反滤排水点的模袋、无反滤排水点的模袋等,应根据工程要求和当地土质、地形、水文、经济与施工条件等进行模袋的选型。

6.3.7 土工模袋材料应满足表6.3.7-1的要求。充填混凝土时,混凝土粗集料最大粒径应符合表6.3.7-2的要求,坍落度不宜小于200mm,强度等级不得低于C10;充填砂浆时,砂浆强度等级不得低于M2.5。

表6.3.7-1 土工模袋材料要求

强度(N)	渗透系数(10^{-3}cm/s)	等效孔径 O_{95}(mm)	延伸率(%)
≥1 500	0.86～10.0	0.07～0.15	≤15

表6.3.7-2 混凝土粗集料的最大粒径要求

土工模袋厚度(mm)	粗集料最大粒径 d(mm)
150～250	$d \leq 20$
≥250	$20 < d \leq 40$

6.3.8 模袋缝制应采用尼龙绳,每个模袋的尺寸应预留经纬向的收缩损失,注料口的数量与位置宜均匀分布。

6.3.9 土工模袋的厚度应考虑抵抗浮动力的要求;充填混凝土或砂浆时,应考虑抵抗弯曲应力的要求;对存在冰推力的情况,尚应考虑抵抗冰推力的要求。

1 抵抗浮动力所需土工模袋厚度 t_f 按式(6.3.9-1)确定。

$$t_f \geq 0.07 C_m H_w \sqrt[3]{\frac{L_w}{B}} \times \frac{\gamma_w}{\gamma_c - \gamma_w} \times \frac{\sqrt{1+m^2}}{m} \tag{6.3.9-1}$$

式中:C_m——面板系数,对无滤点板取1,有滤点板取1.5;

H_w、L_w——设计坡高和坡长(m);

B——垂直水边线护坡面长度(m);

γ_w——水的重度(kN/m³);

γ_c——充填料的重度(kN/m³);

m——岸坡坡角的余切,$m = \cot\alpha = 2 \sim 5$。

2 抵抗弯曲应力所需土工模袋厚度 t_g 应按式(6.3.9-2)确定。

$$t_g \geq F_g \frac{0.287\gamma_c}{0.5\sqrt[3]{R^2}} a^2 \tag{6.3.9-2}$$

式中:R——充填料的抗压强度(kPa);

a——假设模袋底架空面积为正方形时的边长(m),取0.1～0.2m;

F_g——安全系数,取3.0;

γ_c——充填料的重度(kN/m³)。

3 抵抗冰推力所需土工模袋厚度 t_c 应按式(6.3.9-3)确定。

$$t_c \geq \frac{\left[\frac{p_i t_i}{\sqrt{1+m^2}}(F_i m - f_{GS}) - H_1 c_{ps}\sqrt{1+m^2}\right]}{\gamma_c H_1 (1 + m f_{ps})} \tag{6.3.9-3}$$

式中:p_i——水平冰推力(kN/m^2),设计时可取150kN/m^2;

t_i——冰层厚度(m);

H_1——冰层以上护坡面的垂直高度(m);

c_{ps}——护面与坡面之间的黏聚力(kPa);

f_{ps}——护面与坡面之间的摩擦系数,可取0.5;

F_i——安全系数,取3.0;

其余符号同式(6.3.9-1)。

6.3.10 应按图6.3.10计算分析土工模袋沿坡面的滑动稳定性,稳定系数F_{ts}应满足式(6.3.10)的要求。

$$F_{ts} = \frac{T_R}{T_S} = \frac{L_3 + L_2\cos\alpha}{L_2\sin\alpha} f_{GS} \geqslant 1.5 \tag{6.3.10}$$

式中:T_R、T_S——模袋沿坡面的抗滑力与下滑力(kN);

L_2、L_3——模袋在坡面、坡脚处的长度(m)。

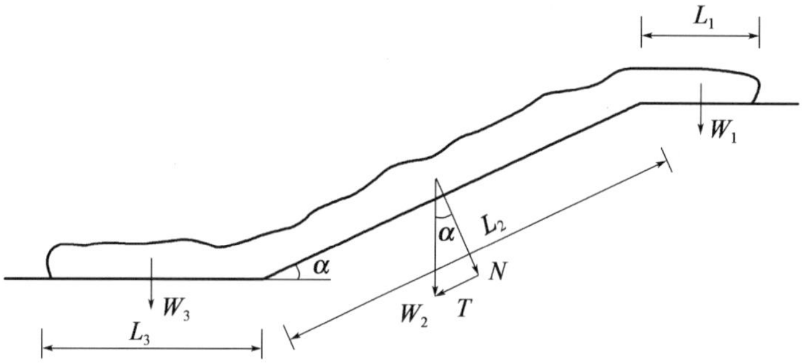

图6.3.10 模袋稳定性分析图

条文说明

模袋置于坡面上,存在沿坡面滑动的可能性,因此要求分析模袋沿坡面的滑动稳定性。

6.3.11 土工模袋顶部宜采用浆砌块石保护或填土覆盖,对有地面径流的坡顶,应设截水沟或其他防止地表水侵蚀模袋下地基土的措施。库、海岸斜坡护岸,土工模袋底部应设压脚棱体或块体;河岸斜坡护岸,宜使土工模袋下端伸过设计冲刷线以下50cm,并用块石保护。土工模袋侧翼应开沟槽,将两侧土工模袋埋入沟槽中。相邻两块土工模袋接缝处,应垫设土工织物,土工织物与土工模袋搭接长度不应小于50cm。

6.3.12 模袋铺设前,应对坡面进行处理。土坡应按设计要求进行修坡,坡面应平顺,表面无树枝、植被、块石等杂物,并开挖好上、下锚固沟槽。抛石坡面应先按设计断面进行理坡,理坡后采用片石、碎石进行整平。

6.3.13 模袋铺设及充灌应按照先上游后下游、先深水后浅水、先标准断面后异形断面的次序进行，并满足以下要求：

1 模袋铺设时，土工模袋应紧贴于基面，长度方向应垂直于坡面或水流方向，铺设后的模袋应平顺。应尽量缩小相邻两块模袋的接缝，前一模袋宜预留一定长度，搭在后一块模袋之上，后一模袋在充灌混凝土时应辅之人工使之密实。

2 模袋纵向应预留收缩富余量，应设定位桩及拉紧装置，定位桩宜打设在坡顶距模袋上缘1.5～2.0cm处，其间距宜为1～2m，每块模袋不少于4根，每根定位桩上应设紧拉器或滑轮。水下部分铺设应由潜水员配合并进行检查。

3 模袋铺设后应及时充灌混凝土或砂浆，水上部分的模袋在充灌前应洒水润湿。充灌应从已充灌的相邻块处开始，每一充灌口应自下而上连续充灌，充灌速度应控制在10～15m^3/h范围内，出口压力以0.2～0.3MPa为宜。充灌接近饱满时，应暂停5～10min，待模袋中水分析出后，再充灌至饱满。

条文说明

模袋充灌混凝土或砂浆的速度过快容易使其中的空气不易排出，过慢容易出现部分提前凝固现象。为保证充灌质量，根据工程经验，条文给出了充灌速度范围要求。

6.3.14 充灌完成后，应及时用水将模袋表面和滤点孔内的灰渣清理干净，按1～1.5m的间距设渗水孔，如图6.3.14所示，并进行养护。

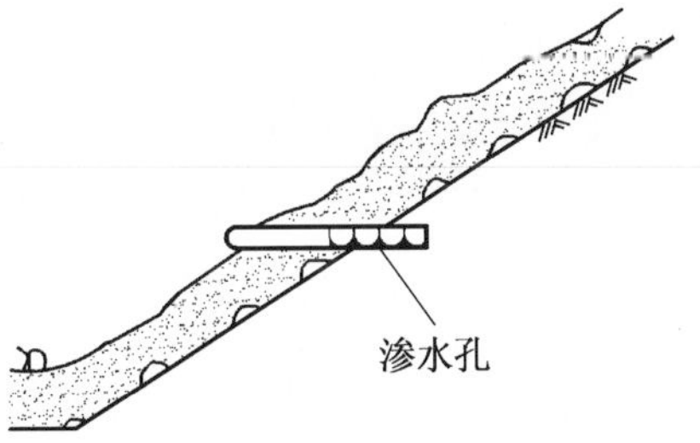

图6.3.14 模袋渗水孔布置

7 路基不均匀沉降防治

7.1 一般规定

7.1.1 路基填挖交界处、高填方路堤与陡坡路堤、软土地基路堤、软土地基不同处理方式交界处、改扩建公路新老路基结合处,以及路基与桥台构造物结合处等路段,可采用土工合成材料防治路基不均匀沉降。

条文说明

近年来,我国公路工程中,采用土工合成材料防治路基不均匀沉降主要应用在路基填挖交界处、高填方路堤与陡坡路堤、软土地基路堤、软土地基不同处理方式交界处、改建公路新老路基结合处,工程实践表明,具有良好的效果。

在桥涵、通道等横穿公路的构造物与构造物台背的路基填土之间,往往因为刚度悬殊而产生阶梯状不均匀沉降,引起“桥头跳车”等现象发生。研究表明,采用土工网加筋桥涵、通道等过路构造物台背的路基填土,可有效减少构造物台背与路基填土之间的不均匀沉降,故在本规范中增加了允许采用土工合成材料防治桥头不均匀沉降的规定。

7.1.2 应根据公路等级、荷载条件、处治部位、地基条件、路基断面形式及桥台形式,以及路基沉降变形情况,选择土工合成材料。

7.1.3 应考虑地基处理方式、路基填料类型、路基强度与稳定性、排水系统、施工工艺,以及工程造价等,进行综合设计,确定合理的处治方案。

7.1.4 采用土工合成材料防治路基不均匀沉降时,应先做好地基处理。路基压实度及稳定性应满足现行《公路路基设计规范》(JTG D30)的要求。

条文说明

采用土工合成材料仅是协调路堤不均匀沉降,不能有效减少总沉降量。因此,不能因为加铺了土工合成材料而放松地基处理与填筑体压实度要求。

7.1.5 采用土工合成材料处治后的新建公路路基填挖交界处、改建公路新老路基间的差异沉降应符合现行《公路路基设计规范》(JTG D30)的有关规定。

7.1.6 设计时应考虑土工合成材料在施工中的损伤、蠕变和老化问题,折减系数应按4.2节有关规定取值。

7.2 材料选择与设计参数

7.2.1 防治路基不均匀沉降宜采用整体性和耐久性好、强度高、变形小的双向或三向土工格栅、高强土工织物、土工格室等土工合成材料。需要减轻路基自重时,可采用EPS块等轻质材料。土工合成材料性能应满足表7.2.1的要求。

表7.2.1 防治路基不均匀沉降土工合成材料要求

材料	要求
土工格栅、高强土工织物	极限抗拉强度≥50kN/m,2%伸长率时的抗拉强度≥20kN/m
EPS块	密度在20~30kg/m³之间,抗压强度≥100kPa
土工格室	格室片极限抗拉强度≥20MPa,焊接处极限抗拉强度≥20kN/m,高度≥10cm。宜用于软弱地基顶部形成垫层

条文说明

路基不均匀沉降形态受地形、地基、路基等多种因素影响,在方向上存在不确定性,因此,宜采用纵横向特性较为一致的土工合成材料,如双向拉伸格栅或三向格栅。

由于碾压施工不便,在路堤内采用土工格室的实践并不多。但土工格室应用于软弱地基上回填砂砾石形成垫层,以构筑施工平台,减少软弱地基上路基不均匀沉降是有效的。故仍然推荐土工格室用于路基不均匀沉降防治。

条文中的土工合成材料及其性能要求是结合我国的工程实践和路基不均匀沉降特点提出的。

7.2.2 当需要进行稳定性计算分析时,土工合成材料的设计计算抗拉强度 T_a 应按本规范4.2.2条确定。

7.2.3 台背填土应有良好的水稳定性与压实性能,满足现行《公路路基设计规范》(JTG D30)的要求。宜选择能与土工合成材料产生良好摩擦与咬合作用的砾石土、碎石土等填料。土工合成材料与填料的界面摩擦角 φ_{GS} 应不小于填料内摩擦角的90%。界面摩擦角应采用现行《公路工程土工合成材料试验规程》(JTG E50)规定的直剪试验方法测定。

7.3 结构形式与计算

7.3.1 新建公路路基填挖交界处不均匀沉降防治,可结合挖方区路床超挖回填、地表斜坡开挖宽台阶等措施进行,土工合成材料宜铺设在路床、路基底部,如图 7.3.1-1、图 7.3.1-2所示。当填方区路基高度较大时,可在填方区中部增设土工合成材料加筋层,铺设间距视其高度、地基条件和路基填料性状确定。

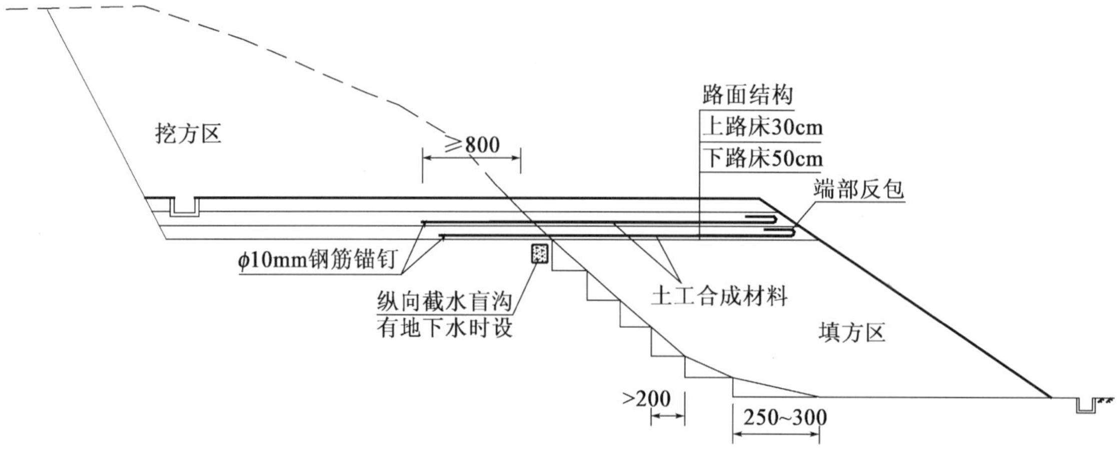

图 7.3.1-1　路基半填半挖交界处路基典型结构(尺寸单位:cm)

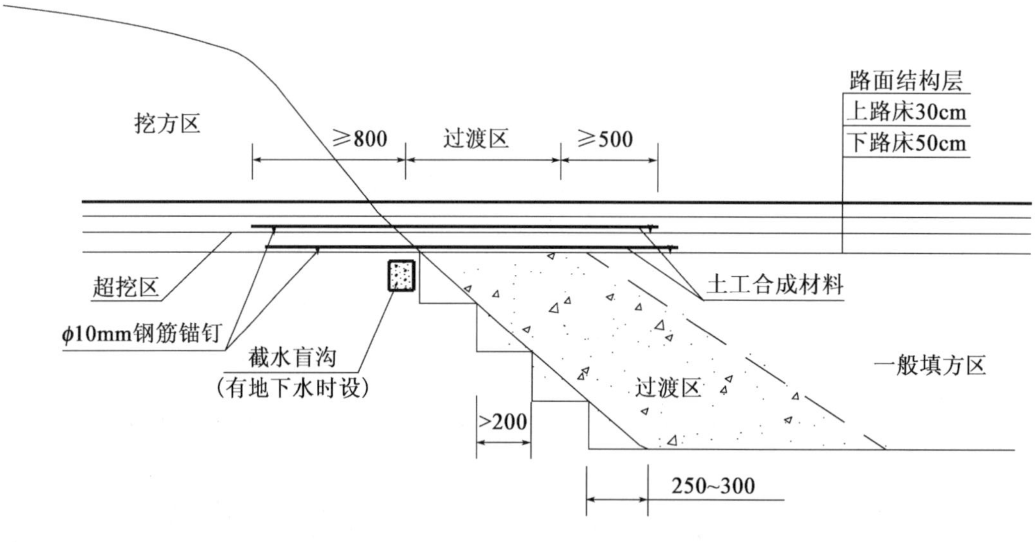

图 7.3.1-2　纵向填挖交界处路基典型结构(尺寸单位:cm)

1　半填半挖路基填挖交界处土工合成材料宜铺设在路床范围内,铺设长度为填挖交界处两侧各不小于 8m。当路幅宽度小于 8m 时,应满铺土工合成材料,并对其边缘进行反包处理。

2　路基纵向填挖交界处,路床范围挖方段土工合成材料铺设长度不宜小于 8m,填方段土工合成材料长度应覆盖过渡区,延伸至一般填方区的长度不宜小于 5m。岩石路段的路基填挖交界处,宜采用高强土工合成材料。

3　当填挖交界处地表横坡陡、路基填挖高差较大时,可在路床范围设置两层或 3 层土工合成材料,层间距应不小于最小压实厚度,且不宜大于 0.4m。

7.3.2　用于高填方路堤横向不均匀沉降防治时,土工合成材料宜铺设在路床及路堤底部,铺设长度与路基同宽,两端回折反包锚固,回折长度不宜小于 1.5m,设置层数应视地表形态、路堤高度、路基填料和施工工艺等确定,如图 7.3.2 所示。当高路堤与陡坡路堤稳定性不足时,应采取必要的支挡加固措施。

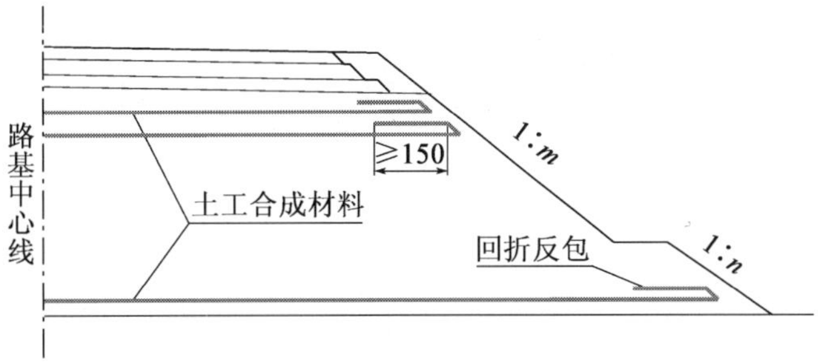

图 7.3.2　高填方段路基不均匀沉降处治结构(尺寸单位:cm)

7.3.3　处理不同软土地基处理路段交界处路基不均匀沉降时,土工合成材料宜铺设在交界处路基底部,不同处理路段内铺设长度不得小于 10m,如图 7.3.3 所示。必要时,可在路床顶部设置双层土工合成材料。

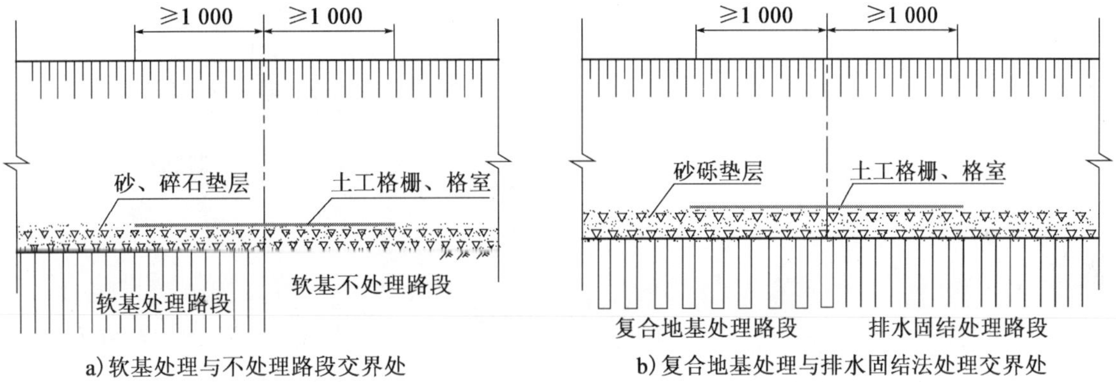

图 7.3.3　软基不同处理段衔接方式典型结构(尺寸单位:cm)

条文说明

当差异沉降较大时,仅在路基底部铺设土工合成材料难以达到预期效果,因此,允许必要时在路床增设双层土工合成材料。

7.3.4　采用土工合成材料防治软弱地基路堤不均匀沉降时,应根据地基地质条件、路堤高度等情况,与砂垫层预压法、排水固结法、复合地基等地基处理措施相结合,进行综合治理,如图 7.3.4-1 所示。

1　当与砂垫层预压法、排水固结法联合处理时,可选用高强土工织物、土工格栅、土工格室。当与复合地基联合处理时,宜选用土工格栅或土工格室。土工合成材料应铺设在路堤底部,铺设层数以 1 ~2 层为宜,铺设宽度宜与路基底部同宽。

2　当软土含水率超过 80%,或十字板抗剪强度小于 10kPa 时,可采用土工格栅筒碎石桩与高强土工格栅或高强土工格室联合处理措施,如图 7.3.4-2 所示。

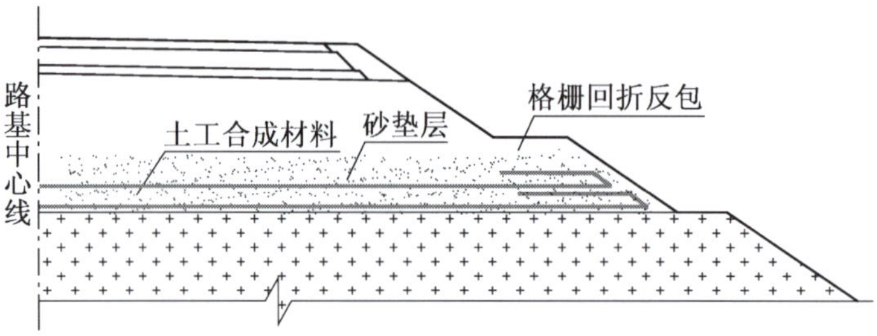

图 7.3.4-1　软土地基处理典型结构

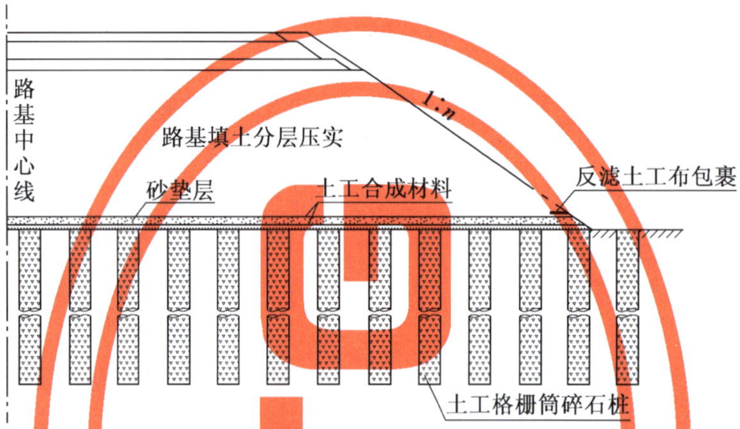

图 7.3.4-2　土工格栅筒碎石桩与高强土工格栅处治软土地基典型结构

条文说明

土工格栅筒碎石桩采用土工格栅和一层细孔土工网围成圆筒,并在中间填充碎石,具有易成桩、渗透性好的优点,而且由于土工格栅本身的高强度使桩体具有较大的强度,提高了桩抵抗变形和破坏的能力,在用于极软地基处理时效果较好。

7.3.5　当软弱地基上拓宽拼接路基沉降较大时,可采用 EPS 块等轻质填料修筑路基,降低拓宽拼接路基自重,减少地基压缩变形和沉降量。EPS 轻质填料拓宽路堤横断面可采用直立挡板式或土包边两种结构形式,如图 7.3.5 所示。应用于受洪水影响的地区时,应考虑水浮力对路基稳定性的影响。

条文说明

EPS 属超轻质高分子材料,密度小,当应用于洪水多发等路段时,可能会由于水浮力导致路基浮起甚至倾覆,因此,在这些路段需考虑水浮力的影响,进行特殊设计。

7.3.6　用于减小改扩建公路新老路基结合处差异沉降时,土工合成材料宜铺设在新填路基底部和路床处的新老路基结合部位,如图 7.3.6 所示。当拓宽拼接路堤填土高度较大时，应视路基高度及新老路基差异沉降量大小，在路基中部增设土工格栅或土工格室。土工格栅或土工格室铺设长度，在拓宽拼接路基范围内不宜小于8m，原有路床范围内不应小于2m；路面损害严重或为新建路面时，原有路基路床范围内的土工合成材料铺设长度不宜小于8m。

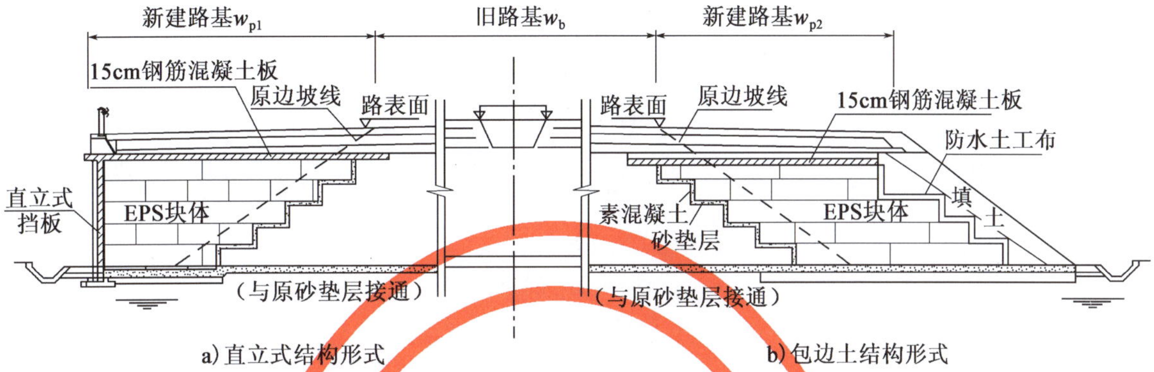

图 7.3.5　EPS 轻质填料拓宽路堤断面结构形式

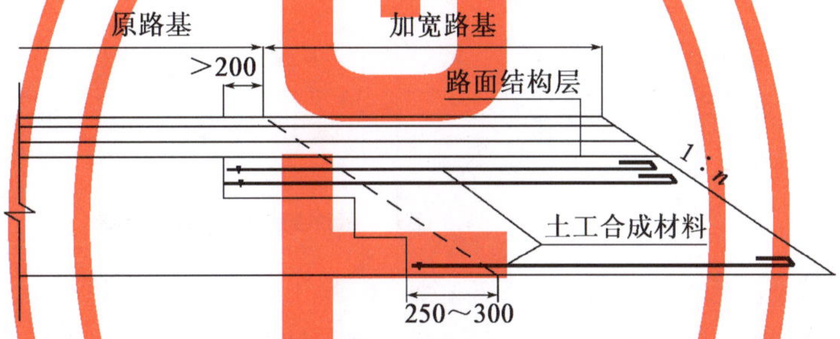

图 7.3.6　旧路拓宽路基不均匀沉降防治典型结构图（尺寸单位：cm）

7.3.7　采用土工合成材料防治桥台构造物与路基间不均匀沉降时，台背高度宜为5.0～10.0m。当原地基承载力不能满足路基填土高度要求时，应对地基采取有效措施进行处理。

1　石砌和混凝土桥台台背处治的结构形式如图 7.3.7-1 所示，土工合成材料应分层铺设，最下一层宜铺设在构造物基础的顶面，最上一层宜铺设在路基的顶面；对桩柱式桥台，可采用图 7.3.7-2 所示的形式分层平铺。

2　台背与填料之间应设置 20cm 厚的反滤层，在原地面应设置厚度不小于 30cm 的级配碎石排水垫层。在摊铺碎石排水垫层前，应将地面平整成 4% 的双向横坡；对 U 形桥台，还应设置 4% 的纵坡将水引至桥台区以外。

3　对石砌桥台，可将土工合成材料嵌固在砌体内，嵌固深度不宜少于 20cm。嵌固土工合成材料的砌体边界部位应设置 5cm 宽的柔性垫块，柔性垫块可用橡胶或木条制作，亦可采用加筋材料的边角余料替代，如图 7.3.7-3a）所示。石砌构造物台背明显凹凸不平时，也可将土工合成材料直接挂铺在台背上，利用土压力使其锚固，如图 7.3.7-3b）所示。

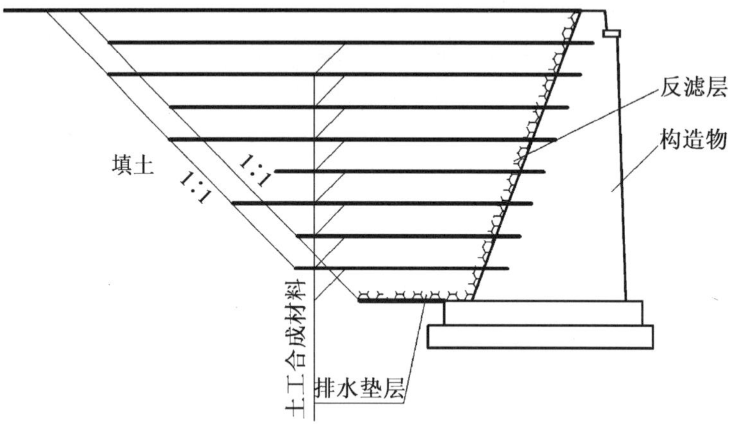

图 7.3.7-1　石砌桥台与混凝土桥台结构形式

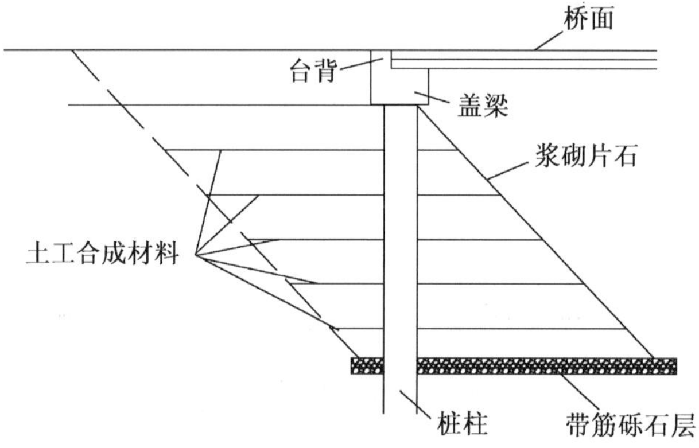

图 7.3.7-2　桩柱式桥台结构形式

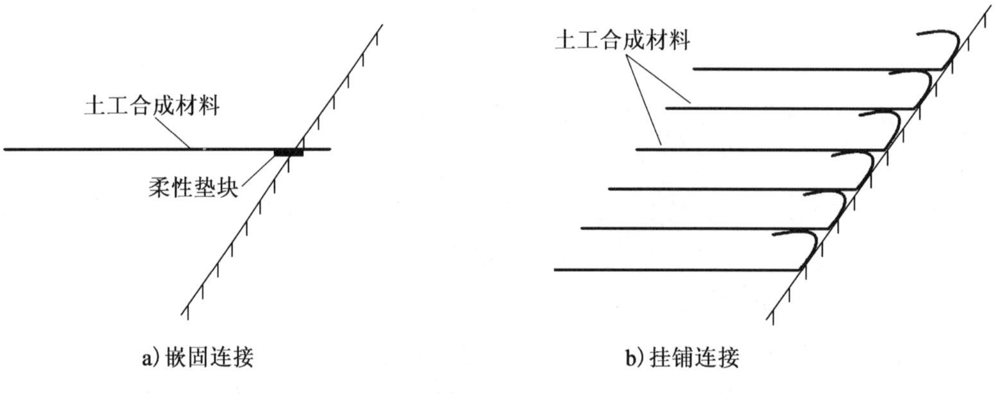

图 7.3.7-3　土工合成材料与石砌桥台台背连接示意图

4　对混凝土桥台,可采用经防锈蚀处理的膨胀螺钉与钢压条,将土工合成材料锚固在结构物台背面的壁面上,如图 7.3.7-4 所示。

条文说明

目前在工程试验中获得成功的试验桥台高度一般在 4 ~ 12m 之间,故将土工合成材料加筋适宜的桥台高度定为5~10m。

在台背与填料间要求设置20cm厚的反滤层，是为了避免路表水通过构造物与填料交界部位渗入并滞留于填料内；在原地面设置厚度不小于30cm的级配碎石排水垫层，是为了防止地下水进入台背填料，降低填料强度，增大荷载。

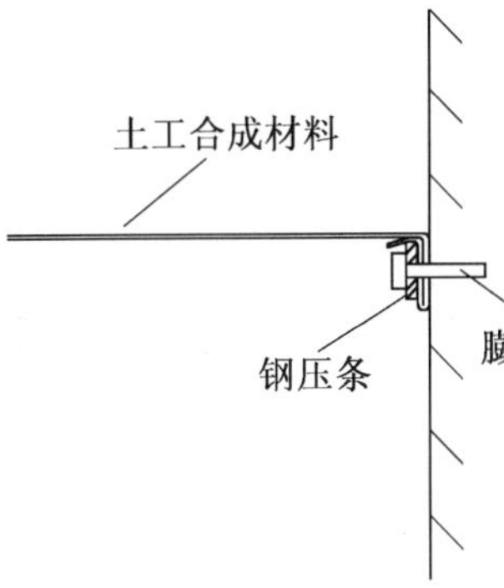

图7.3.7-4 土工合成材料与混凝土轻型桥台连接示意图

7.3.8 采用土工合成材料防治桥台构造物与路基间不均匀沉降时，土工合成材料的竖向层间距与铺设长度应按以下方法确定：

1 竖向层间距ΔH应按式(7.3.8-1)计算，最小铺设间距应不小于一层压实填土厚度，在距路基顶面5.0m的深度范围以内，最大铺设间距不宜大于0.8m。

$$\Delta H=\frac{0.1T_{GC}^{2}}{E_{T}H_{m}\left[0.2H_{m}\left(1-\frac{Z^{2}}{H_{m}^{2}}\right)+\left(1-\frac{Z}{H_{m}}\right)\right]} \tag{7.3.8-1}$$

式中：T_{GC}——土工合成材料的纵向设计计算抗拉强度(N/m)，考虑到各种因素引起的强度折减，可按30%的极限抗拉强度取值；

H_m——路基顶面与构造物基础顶面之间的高差(m)；

Z——上一层土工合成材料的铺设位置距路基表面的垂直距离(m)；

E_T——土工合成材料的拉伸模量(N/m)，取2%伸长率时对应的割线模量。

2 对石砌和混凝土桥台，土工合成材料的纵向铺设宜上长下短，可采用缓于或等于1:1的坡度自下而上逐层增大纵向铺设长度，最下一层土工合成材料最小纵向铺设长度L_{min}可按式(7.3.8-2)计算。

$$L_{min}=2+\frac{0.5T_{GC}}{(c_{GS}+\gamma_{m}H_{m}\tan\varphi_{GS})} \tag{7.3.8-2}$$

式中：c_{GS}——土工合成材料与土体交界面上的界面黏聚力(Pa)；

φ_{GS}——土工合成材料与土体交界面上的界面摩擦角(°)；

γ_m——填料压实后的重度(N/m^3)；

其余符号意义同式(7.3.8-1)。

条文说明

研究发现，当铺网间距大于1.2m时，土体与土工合成材料交界面上的剪应力很大，有可能导致两者之间的相对滑动，破坏台背填筑体整体性。因此，在条文中提出，在路基顶面以下5m深度的范围以内，铺网的最大层间距不宜大于0.8m。

7.4 施工要点

7.4.1 土工合成材料进场后,应及时储藏在仓库内,严禁露天堆放。在铺筑土工合成材料前和施工中均应保证材料的完好性,严禁使用有断裂或破损的土工合成材料。

7.4.2 土工合成材料铺设前,应完成地基处理、场地平整等工序的施工,并应保证与土工合成材料接触的土层表面平整,无尖锐凸出物。

7.4.3 土工合成材料上下应设保护层。距离土工格室上下10cm范围内的填料,最大粒径不得大于8cm;距离其他土工合成材料上下8cm以内的填料,最大粒径不得大于6cm。

7.4.4 土工合成材料强度高的方向应与主受力方向一致。用于防治桥台与构造物之间不均匀沉降,桥台与路基中线斜交时,应将土工合成材料的嵌固端截成与斜交角相等的倾角,保证土工合成材料的铺设方向与线路走向平行。

7.4.5 在主受力方向宜避免连接,应根据设计长度确定土工合成材料的剪裁长度,必须连接时宜采用连接棒或钢筋条等有效方式连接,土工格室宜采用专用插件连接。横向相邻两幅土工合成材料应相互搭接,搭接宽度不宜小于20cm,不同层面的搭接位置应相互错开。

7.4.6 土工合成材料应与下层填料紧密贴合,无扭曲褶皱。对需要张拉的土工合成材料,应严格控制张拉应力,保证材料充分张开,但不得变形与损坏。

7.4.7 土工合成材料铺设完毕未填料前,严禁机械设备在其上行驶。填土的摊铺和压实应按公路路基设计、施工技术规范要求进行。在大型压路机压不到的部位,应采用小型压实机具分层压实,每层压实厚度宜小于15cm。

7.4.8 填筑时不得直接将填料卸在土工合成材料上。纵向填挖交界处填筑时,应从低处往高处分层摊铺碾压,并注意填挖交界处的拼接,碾压应密实,无拼接痕迹。

7.4.9 当桥台背区以外的路基尚未填筑时,桥台背填筑段的施工长度宜大于50m;当桥台背区以外的路基已经填筑压实时,应将已填筑压实路基端部开挖成台阶状,保证新、老压实区的有效衔接。

7.4.10 EPS块体施工应符合以下规定:

1　与其他填料路堤或旧路基的接头处，EPS 块体应呈台阶铺设。EPS 块体铺筑前，施工基面应保持干燥，并铺设 10cm 厚的砂垫层，砂垫层应夯压密实、稳定。

2　最底层块体与垫层之间、块体之间应联结牢固，联结件应进行防锈处理。

3　EPS 块的铺设应遵循由低到高、先中间后两侧、自下而上逐层错缝铺设的原则：块与块之间应紧贴，缝隙不得大于 20mm，块体间错台高差不得大于 10mm，各层块体间的错缝应大于 0.6m。最下层块体间的缝隙或错台应由砂浆垫层调整，中间各层缝隙采用无收缩水泥砂浆填塞密实。

4　每层 EPS 块铺设完成后，与老路基的接合处宜采用 C20 细石混凝土填塞密实。

5　EPS 块铺设完成后，其顶部应铺设一层厚度不小于 10cm 的钢筋混凝土层。

6　严禁重型机械直接在 EPS 块体上行驶。

8 防沙固沙

8.1 一般规定

8.1.1 土工合成材料可用于沙漠地区公路路基整体稳定、边坡稳定与防护、线外固沙。

8.1.2 当使用风积沙填筑的路堤高度大于1m时,可采用将土工合成材料铺设于沙基内或沙质路床顶部的措施,提高路基整体稳定性。

8.1.3 对使用风积沙填筑路堤的路段,存在风蚀、水蚀时,可采用土工合成材料稳定路基、防护边坡。

8.1.4 当公路周边缺少常规线外固沙材料时,可将土工合成材料用于线外固沙工程。

8.1.5 用于沙漠地区的土工合成材料应考虑紫外线的影响,土工合成材料室内紫外线辐射强度为550W/m^2 照射150h的抗拉强度保持率应大于80%。

条文说明

沙漠地区往往紫外线强烈,需要考虑紫外线对土工合成材料的影响,我国"公路工程土工合成材料系列标准"对不同光老化等级下的强度保持率提出了要求。结合沙漠地区的实际情况,条文中采用了其中的Ⅲ级,即室内紫外线辐射强度为550W/m^2 照射150h的抗拉强度保持率应大于80%的标准作为对材料抗紫外线老化的要求。

8.2 沙漠路基整体稳定

8.2.1 提高沙漠路基稳定性可采用土工格室表面全铺法、多层土工格室路基全铺法、单层土工织物铺压法等结构形式,如图8.2.1所示。

条文说明

土工格室表面全铺法是将土工格室铺在土基顶面,对风积沙填筑体起到稳定作用;也可以铺在沙面上,作为沙漠筑路时的施工便道。

多层土工格室路基全铺法是在路基中采用多层土工格室进行加筋,依据路基高度及公路等级的不同,选择不同规格的土工格室及铺压层数。

单层土工织物铺压法是依靠土工织物与沙基土体的摩擦力限制沙基侧向位移的方法。

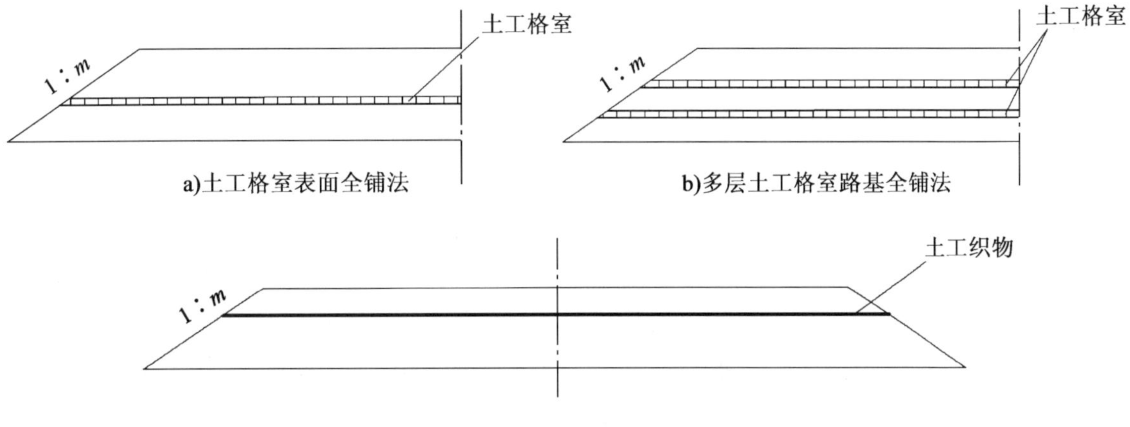

a)土工格室表面全铺法　　b)多层土工格室路基全铺法

c)单层土工织物铺压法

图8.2.1　土工合成材料用于风积沙路基整体稳定的结构形式

8.2.2　土工格室高度 H 可采用5cm、10cm、15cm、20cm等规格,焊距宜为 $4H$ ~ $8H$ 之间,其性能应满足表6.2.2-2和表6.2.2-3的要求。

8.2.3　土工织物可选择短纤维无纺土工织物,其性能应满足表8.2.3的要求。

表8.2.3　单层铺压法土工织物性能要求

单位面积质量 (g/m²)	厚度 (mm)	纵、横向极限抗拉强度 (kN/m)	纵、横向极限伸长率 (%)	CBR顶破强度 (kN)	等效孔径 O_{90} (mm)
≥150	≥1.0	≥8.0	≤25	≥0.5	0.07~0.2

条文说明

用于沙漠路基整体稳定时,土工合成材料被夹在沙中,对抗拉强度、抗撕裂强度有一定的要求。根据实际工程经验,条文提出了对土工合成材料的性能要求。

8.3　边坡稳定与防护

8.3.1　土工合成材料用于沙漠地区公路风积沙路堤边坡稳定与防护,可采用边坡堆垛法、边坡侧限法、边坡包裹法等方法。

8.3.2　边坡堆垛法宜采用土工织物袋,其结构形式如图8.3.2-1所示。可根据不同的路堤高度,采用不同的堆积方式,如图8.3.2-2所示。堆垛体的边坡坡率宜为1∶1.0 ~

1∶1.5;土工织物袋的长宽比宜大于1.8,装沙体积宜为扎紧容积的2/3～3/4,堆垛体的宽高比不宜小于0.75。

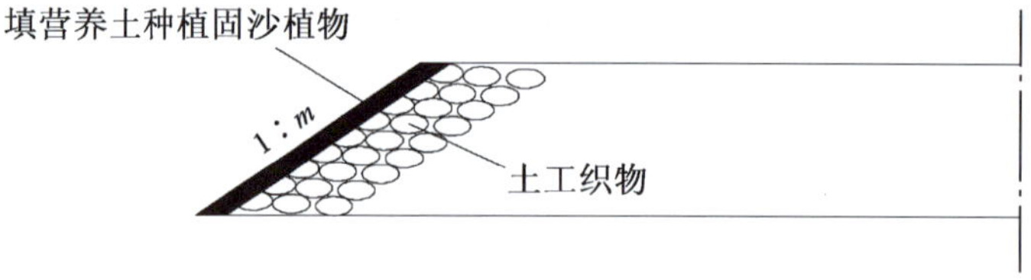

图8.3.2-1　边坡堆垛法结构图

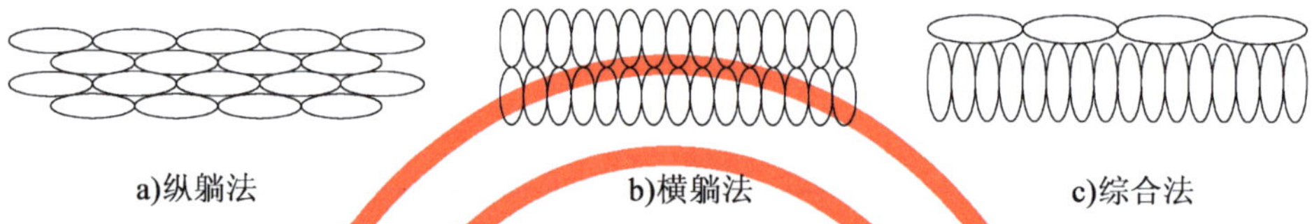

图8.3.2-2　堆垛的铺设方法

8.3.3　边坡侧限法可采用土工格室,其结构形式如图8.3.3所示。土工格室的规格、铺设宽度及高度应根据路基宽度和高度等确定。宜采用片材厚度大于1mm、高20cm、焊距30～40cm、展开宽度1.0～1.5m的土工格室,其材料性能应满足表6.2.2-2的要求,格室性能应满足表8.3.3的要求。

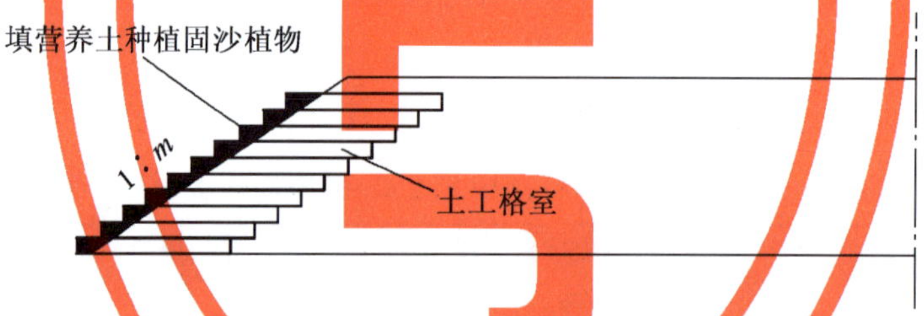

图8.3.3　边坡侧限法结构图

表8.3.3　土工格室的性能要求

<table>
<tr><th>序　号</th><th colspan="2">测 试 项 目</th><th>单　位</th><th>聚丙烯土工格室</th><th>聚乙烯土工格室</th></tr>
<tr><td>1</td><td colspan="2">外观</td><td>—</td><td colspan="2">格室片应平整、无气泡、无沟痕</td></tr>
<tr><td>2</td><td colspan="2">格室片的拉伸屈服强度</td><td>MPa</td><td>≥23</td><td>≥20</td></tr>
<tr><td>3</td><td colspan="2">焊接处抗拉强度</td><td>kN/m</td><td>≥10</td><td>≥10</td></tr>
<tr><td>4</td><td rowspan="2">格室组间连接处抗拉强度</td><td>格室片边缘</td><td>kN/m</td><td>≥25</td><td>≥25</td></tr>
<tr><td>5</td><td>格室片中间</td><td>kN/m</td><td>≥16</td><td>≥16</td></tr>
</table>

8.3.4　边坡包裹法宜采用土工织物。根据路堤高度和地基条件,可采用单层边裹法、双层边裹法、多层边裹法、全裹法等结构形式,如图8.3.4所示。

1　单层边裹法可用于高度不超过1.2m的路堤;双层边裹法可用于高度为1.2～4.0m的路堤;多层边裹法及全裹法可用于地基条件较差路段路基。

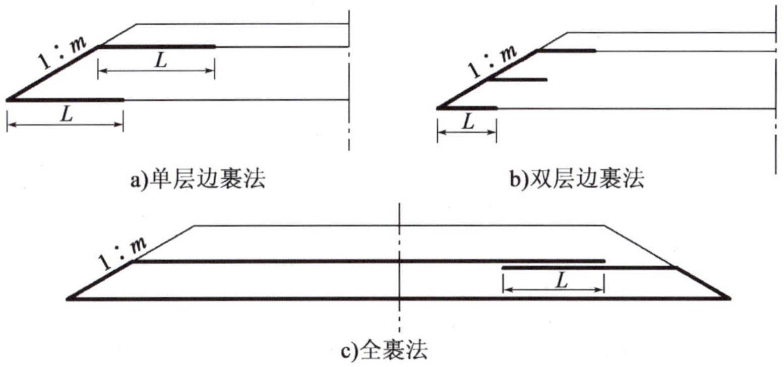

图 8.3.4　边坡包裹法结构图

2　边坡包裹法边坡坡率宜为 1:1.5 ~ 1:2.5，土工织物上下压边边长 L 宜为 1.0 ~ 1.5m，采用的土工织物应满足表 8.3.4 的要求。

表 8.3.4　边坡防护用土工织物性能要求

单位面积质量（g/m²）	厚度（mm）	纵、横向极限抗拉强度（kN/m）	纵、横向极限伸长率（%）	CBR 顶破强度（kN）	抗紫外线老化残留强度
≥200	≥1.0	≥8.0	≤25	≥0.5	不小于原强度的 70%

8.3.5　土工合成材料应用于沙漠地区公路边坡防护时，可采用稳定措施与防护措施相结合的方式，也可单独采用三维土工网、土工格室等植物防护措施。

1　采用与稳定措施相结合的防护方法时，宜在边坡坡面覆盖 30cm 掺入部分营养土、保水剂和植物种子的土，改善植物生长条件。

2　采用三维土工网和土工格室防护法时，应用锚钉将三维土工网或土工格室平铺固定在风积沙坡面上，再填充草籽和有机土于三维网空腔或格室室内。锚钉长度不宜小于 0.5m，横向间距不宜大于 1.5m，纵向间距不宜大于 0.5m。高出三维土工网和土工格室的营养土厚度宜为 1cm。

3　用于沙漠地区公路边坡防护的三维土工网应满足表 8.3.5 的性能要求。

表 8.3.5　沙漠地区公路边坡防护三维植被网（垫）性能要求

规　格	两　层	三　层	四　层	五　层
单位面积质量（g/m²）	≥220	≥260	≥350	≥430
厚度（mm）	≥10	≥12	≥14	≥16
纵向拉伸强度（kN/m）	≥0.8	≥1.6	≥2.0	≥3.2
横向拉伸强度（kN/m）	≥0.8	≥1.6	≥2.0	≥3.2

4　用于沙漠地区公路边坡防护的土工格室，片材厚度宜大于 0.5mm，高宜为 5cm，焊距宜为 15 ~ 25cm，展开宽度宜为 1.0 ~ 1.5m，其性能应满足表 6.2.2-2 及表 8.3.3 的要求。

8.4 线外固沙

8.4.1 土工合成材料应用于沙漠地区公路线外固沙,可采用土工织物袋(植物生长袋)固沙法、土工网沙障固沙法、土工方格沙障法、土工织物袋阻沙墙法等方法。

8.4.2 土工织物袋固沙法应将土工织物袋设置在公路主风向侧、连线垂直于来风向的流动沙丘坡面上,可在袋中装入沙土、肥料、营养土、保湿剂,打孔播入植物种子,形成植物沙障。土工织物袋应采用防老化尼龙袋,规格可为宽 15cm 或 20cm,长 2m;固沙带间距应根据现场风沙状况确定。

8.4.3 土工网沙障固沙法应将沙障设置于公路主风向侧。沙障宜采用打桩悬挂土工网形式,土工网宽度宜为 60 ~ 100cm,悬挂高度宜为 40 ~ 80cm,土工网底部应埋入沙土中不少于 10cm。

8.4.4 土工方格沙障法应将土工方格设置于迎风坡下部或迎风坡前腹沙地。土工方格可利用高 10cm、15cm 或 20cm 的抗老化土工合成材料网片,在流动沙面上就地安装制成,规格可为 1m × 1m、1.5m × 1.5m 或 2m × 2m。1m × 1m 方格宜用于迎风坡下部,1.5m × 1.5m、2m × 2m 方格宜用于迎风坡前腹沙地。

8.4.5 土工织物袋阻沙墙法应将沙墙在治理区外围沙丘的沙脊线上直立摆放,形成沙障。沙墙可利用抗老化土工织物制成规格为宽 40cm、50cm,长 2m 的土工织物袋,就地装流沙,堆砌形成。

8.4.6 线外固沙用土工合成材料应满足表 8.4.6 的性能要求。

表 8.4.6 沙漠地区公路线外固沙用土工合成材料性能要求

纵、横向极限抗拉强度(kN/m)	纵、横向梯形撕破强度(N)	老化残留强度	低温脆化温度(℃)
≥8.0	≥120	满足 8.1.5 条的要求	≤K - 2.0

注:K——当地 20 年一遇极端最低气温。

条文说明

我国沙漠地区往往冬季温度较低,部分低温性能较差的土工合成材料可能由于低温脆化而过早损坏,因此提出了低温脆化温度的要求。

8.5 施工要点

8.5.1 路基施工过程中，推土机、挖掘机、铲运机等施工机械不得直接在土工合成材料上作业。在铺设好的土工合成材料顶面设置的沙质保护层厚度不宜小于10cm。

8.5.2 土工格室在路基横断面方向不得拼接，纵向应平头顺接。上下层的接头应错开2m以上。

8.5.3 边坡侧限法施工中土工格室的堆筑与沙质路堤的填筑宜同高度进行。

9 膨胀土路基处治

9.1 一般规定

9.1.1 新建膨胀土路堑边坡、膨胀土路堑边坡的滑坍治理,以及裂隙水丰富、稳定性差的特殊土质、特殊地质边坡,可采用土工格栅加筋柔性支护技术进行综合处治。

条文说明

土工格栅加筋柔性支护技术,是以土工合成材料加筋边坡土体为主,辅以其他必要综合处理措施的处治技术,既能承受土压力,又允许土体产生一定变形,减小边坡土体因超固结引起的应力释放和含水率变化产生的膨胀力,从而保证边坡稳定,避免发生边坡滑坍等病害,比较适用于膨胀土等特殊土质地区。

9.1.2 采用土工格栅加固膨胀土路堑边坡时,应采用"两布一膜"复合土工膜等土工复合材料对边坡坡面、坡顶和坡体内部进行防排水和保湿防渗处理。

条文说明

膨胀土处治的基本原则是保湿防渗,系统完善的防排水措施对于保证膨胀土路基长期稳定性至关重要。工程实践表明,采用复合土工膜进行路基防排水和保湿防渗可以起到很好的效果,因此,要求在用柔性支护技术处治膨胀土路堑时,应采用复合土工膜等材料进行防渗。

9.2 材料选择与设计参数

9.2.1 膨胀土路基边坡加筋宜采用土工格栅,其性能应满足表 9.2.1 的要求。

表 9.2.1 土工格栅性能要求

纵向极限抗拉强度	极限伸长率	应变 5% 时的抗拉强度
≥35kN/m	≤10%	≥20kN/m

条文说明

对于膨胀土边坡加筋而言，土工合成材料的弹性模量越大，其延伸率越小，坡面的变形越小，吸湿条件下加筋材料对边坡变形的约束作用越明显，然而，过大的约束作用又会使被加筋膨胀土体增湿产生过大膨胀力，因此，要求土工格栅既具有一定的抗拉强度又具有一定的变形能力。结合工程实践经验，条文提出了表9.2.1的材料要求。

9.2.2 应用柔性支护技术处治膨胀土路堑边坡时，可采用膨胀土作为加筋体填料，施工时填料的稠度 w_c 应为 $0.95 \leqslant w_c \leqslant 1.35$。

9.2.3 膨胀土用作土工格栅加筋路堤填料时，应按附录A的要求对膨胀土进行侧向浸水加州承载比试验(MCBR试验)。天然稠度为 $1.00 \leqslant w_c \leqslant 1.30$、MCBR > 3.9%、MCBR膨胀量 < 5.1%的膨胀土可用作路堤填料。

9.2.4 膨胀土路堑边坡柔性支护结构所使用的“两布一膜”复合土工膜，规格宜为织物质量/膜厚/织物质量 = $200g/m^2/1mm/200g/m^2$。

9.2.5 应通过地质勘察确定当地膨胀土活动区深度 H，根据 H 确定路基边坡加筋范围。

9.2.6 膨胀土填料及边坡土体抗剪强度指标 c、φ 值，应根据膨胀土所受干湿循环影响程度的不同而采用不同的试验方法确定。

1 对加筋范围内的土体，应采用残余抗剪强度指标。加筋范围以外的土体，对膨胀土路堤填料，应根据压实度状况按照现行《公路土工试验规程》(JTG E40)规定的饱和直接快剪试验方法确定，或根据相关成果确定；对路堑边坡土体，宜通过原位剪切试验确定，对于二级以下公路或高速公路、一级公路的初步设计，也可采用原状土样室内剪切试验确定。

2 膨胀土与格栅的界面强度应按照现行《公路工程土工合成材料试验规程》(JTG E50)的拉拔试验测定。

条文说明

膨胀土填料的设计参数主要有 c、φ、γ，填土重度 γ 一般根据土质确定，土体强度参数 c、φ 的取值根据膨胀土受干湿循环影响程度的不同而不同。在加筋体部分，膨胀土填料处于干湿循环显著影响区内，因此，c、φ 应取残余抗剪强度指标。影响区以外，对膨胀土路堤填料可采用直接快剪强度指标；对于路堑，因膨胀土具有裂隙性，室内小尺寸试件难以准确反映其真实强度，因此，宜采用现场原位直剪试验确定其抗剪强度指标。

9.3 结构形式

9.3.1 图9.3.1a)所示膨胀土路堑边坡土工格栅加筋柔性支护结构,可用于新建道路;图9.3.1b)可用于边坡的滑坍治理。

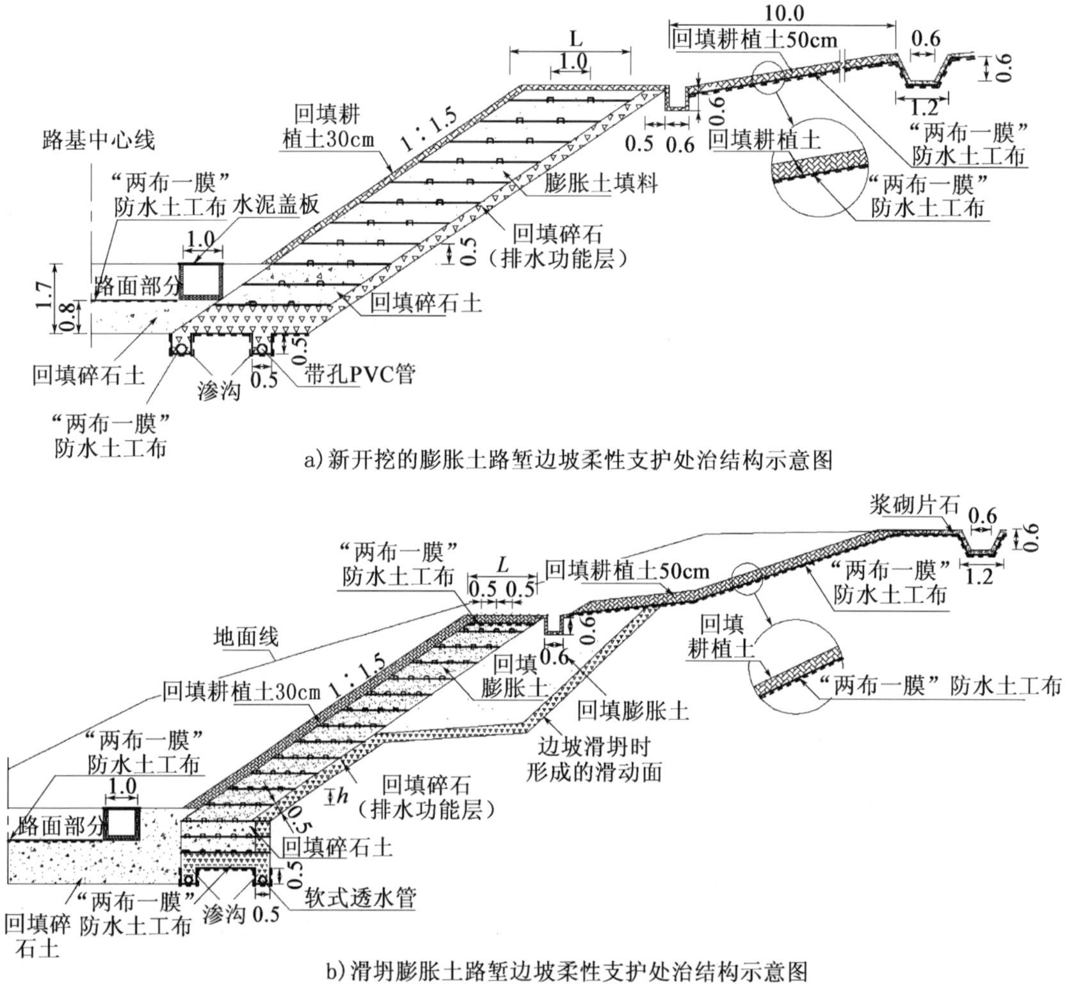

a)新开挖的膨胀土路堑边坡柔性支护处治结构示意图

b)滑坍膨胀土路堑边坡柔性支护处治结构示意图

图9.3.1 土工格栅加筋膨胀土路堑边坡结构示意图(尺寸单位:m)

9.3.2 在支护结构的背部应设置疏排裂隙水并吸收附近土体膨胀能的排水功能层,功能层可由20~30cm厚的碎石层组成,并应上下贯通连为一体,保证排水畅通。

9.3.3 在边坡底部应设置排水垫层,排水垫层底部应沿纵向设置两条渗沟,在渗沟底部应沿纵向铺设透水管,透水管的纵向坡度应不小于1%。两条盲沟的底部应铺设防水土工膜,防止排水层内的水渗入基底。

9.3.4 柔性支护结构内膨胀土填料应分层压实,压实度应不低于湿法重型击实最大干密度的85%；土工格栅应反包；边坡坡率宜为1:1.5。柔性支护结构的坡脚应采用砾石土填筑，填筑厚度应不小于1m。每层填料压实后顶面均宜保持向内4%的横坡。

条文说明

加筋边坡过陡将对施工造成困难，边坡过缓将使坡面汇水面积过大，增大降雨对坡面的冲刷，综合比较，边坡坡率以1:1.5为宜。柔性支护结构的坡脚是剪应力集中区，采用砾石土填筑，能有效提高柔性支护结构的抗滑稳定性。另一方面砾石土可以降低毛细水上升高度，从而减少地下水对柔性加筋体的影响，因此，要求坡脚采用砾石土填筑。

9.3.5 坡顶外10m的范围内应清除耕植土，并铺设"两布一膜"复合土工膜，然后回填耕植土，种植草和灌木，防止坡顶干缩开裂后雨水下渗影响边坡稳定性。

9.3.6 柔性支挡结构的坡顶应设置排水沟，在坡顶铺设"两布一膜"复合土工膜时，应从排水沟底部绕过，防止地表水从该部位下渗。在坡顶复合土工膜的后端应设置浆砌片石截水沟，拦截坡后的地表水。

9.3.7 土工格栅加筋膨胀土路堤可采用如图9.3.7所示的结构形式。膨胀土路堤底部的一定范围应采用具有良好压实特性的透水材料填筑，填筑高度 H 应根据地下水位和地表可能的积水位确定。膨胀土路堤的顶部应采用非膨胀性黏土填筑，填筑厚度不宜小于1.5m。路堤中膨胀土填筑的总高度不宜大于6m，宜填筑于路堤的中、下部。

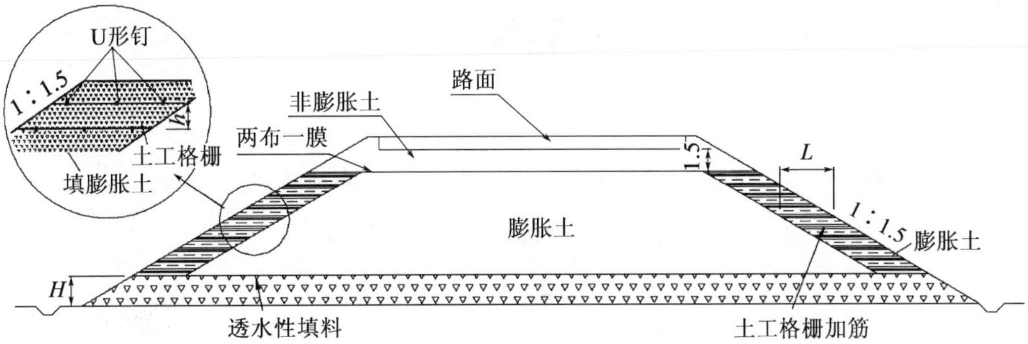

图9.3.7　土工格栅加筋膨胀土路堤横断面图(尺寸单位:m)

9.3.8 应加强土工格栅加筋的路堑边坡和路堤边坡防护。在柔性支护结构的坡面应回填不小于30cm的耕植土，用人工或机械夯实，坡面植物防护应选择适应膨胀土环境的植物。

9.4 设计计算

9.4.1 膨胀土路基边坡土工格栅加筋结构的设计计算应包括土工格栅的铺设间距、铺设范围、加筋体稳定性分析等内容。

9.4.2 膨胀土路堤边坡和路堑边坡采用土工格栅加筋时,加筋层间距宜为30~60cm。加筋宽度可参照当地大气影响活动层深度选取,宜为3~6m。坡面处应将土工格栅回折反包,反包压入坡内的长度不应小于1m。

9.4.3 加筋膨胀土路基边坡稳定性分析包括整体和局部稳定性分析,各项稳定性的安全系数均不得小于1.25。

9.4.4 新建公路的加筋膨胀土路基边坡整体稳定性可按圆弧条分法采用式(4.4.4-1)计算。

9.4.5 用于滑坍边坡治理的柔性支护结构,可按条分法采用式(9.4.5)验算沿原破裂面的整体稳定性,如图9.4.5所示。

图9.4.5 用于滑坍边坡治理的柔性支护结构整体稳定性分析示意图

$$F_s = \frac{抗滑力}{下滑力} = \frac{\sum(c_i l_i + W_i \cos\alpha_i \tan\varphi_i)}{\sum W_i \sin\alpha} \tag{9.4.5}$$

式中:W_i——第i个土条的重力(kN/m);

c_i、φ_i——第i个土条底的膨胀土黏聚力(kPa)和内摩擦角(°),取膨胀土体的残余抗剪强度;

l_i——第i个土条底部滑动弧长(m);

α_i——第i个土条重力方向与法线方向的夹角(°)。

9.4.6 当坡体存在软弱结构面时,如图9.4.6所示,应假设距坡顶一定距离处有一条垂直裂缝,考虑裂隙充满水后的水压力作用,用条分法按式(9.4.6)验算沿软弱结构面的整体稳定性。软弱结构面可能出现在筋土界面上时,应根据实际情况,分析可能的滑动面,验算其稳定性。

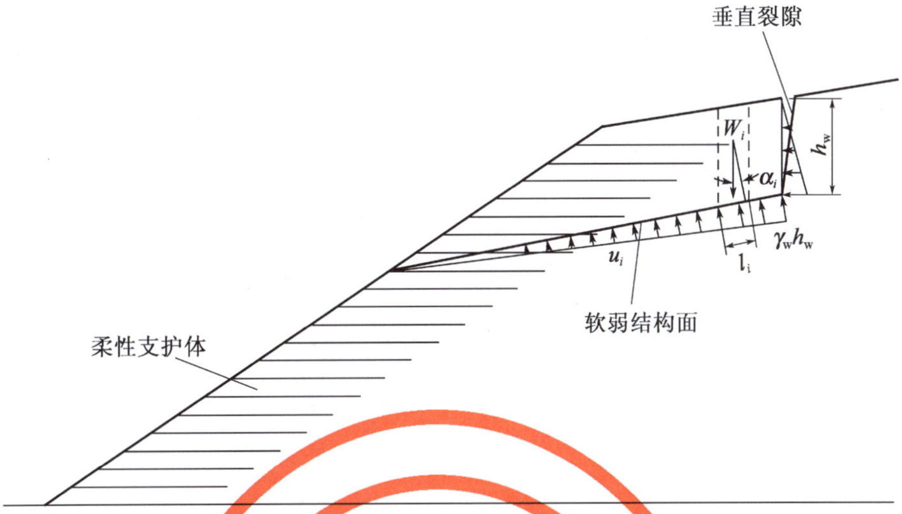

图 9.4.6　具有软弱结构面的柔性支护膨胀土路堑边坡整体稳定性分析示意图

$$F_s = \frac{抗滑力}{下滑力} = \frac{\sum(W_i\cos\alpha_i - u_i)\tan\varphi_i + l_i c_i}{\sum W_i\sin\alpha_i + \frac{1}{2}\gamma_w h_w^2} \tag{9.4.6}$$

式中：α_i ——第 i 个土条重力方向与法线方向的夹角(°)；

W_i ——第 i 个土条土体重力(kN/m)；

u_i ——软弱结构面上的静水压力(kN/m)，当软弱结构面深度大于开裂深度时不考虑；

l_i ——分条的弧长(m)；

c_i、φ_i ——第 i 个土条底的黏聚力(kPa)和内摩擦角(°)，加筋体内取膨胀土的残余抗剪强度，加筋体外取软弱结构面的强度；

γ_w ——水的重度(kN/m^3)；

h_w ——裂缝中充水高度(m)。

9.4.7　加筋体局部稳定性可采用式(9.4.7-1)进行计算，计算时应假设加筋路基边坡的局部破坏发生在膨胀土干湿循环显著影响区内，滑体如图 9.4.7 中△ABC 所示。

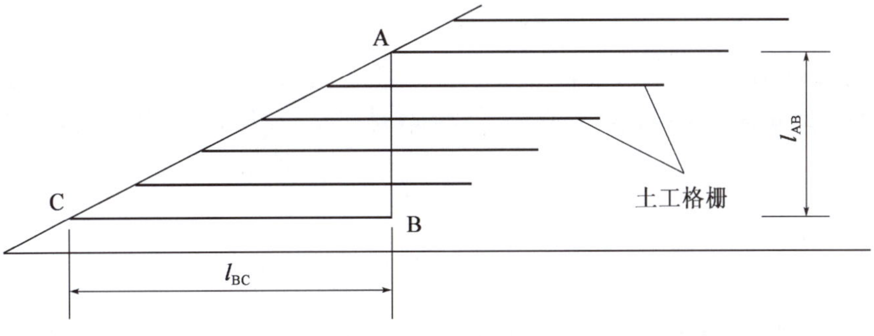

图 9.4.7　土工格栅加筋膨胀土路基边坡局部稳定性分析示意图

$$F_{\mathrm{Ls}} = \frac{\text{抗滑力}}{\text{滑动力}} = \frac{W_{\Delta \mathrm{ABC}} \tan\varphi_{\mathrm{GS}} + l_{\mathrm{BC}} \cdot c_{\mathrm{GS}} + T}{p l_{\mathrm{AB}}} \tag{9.4.7-1}$$

式中：$W_{\Delta \mathrm{ABC}}$——滑体△ABC 的重力(kN/m)；

c_{GS}、φ_{GS}——筋土界面的似黏聚力(kPa)和似摩擦角(°)，可由常规直接快剪试验确定；

l_{AB}、l_{BC}——滑体后壁 AB 边和下部 BC 边的长度(m)；

p——A、B 面上的平均膨胀压力(kN/m^2)，应根据有荷膨胀试验曲线得到；

T——取通过 AB 面上土工格栅拉力 T_1 与锚固力 T_2 两者中的小值(kN/m)；

$$T_1 = \sum_{i=1}^{n} \frac{T_{\mathrm{G}i}}{\mathrm{RF}} \tag{9.4.7-2}$$

$$T_2 = \sum_{i=1}^{n} \frac{T_i}{F_{\mathrm{e}}} \tag{9.4.7-3}$$

n——通过 AB 面的土工格栅层数；

$T_{\mathrm{G}i}$——通过 AB 面上第 i 层土工格栅的极限抗拉强度(kN/m)；

T_i——通过 AB 面上第 i 层土工格栅的锚固力(kN/m)；

RF——土工格栅强度折减系数，可取为 1.25；

F_{e}——土工格栅抗拔出安全系数，可取为 2.0。

9.5 施工要点

9.5.1 膨胀土路堑边坡柔性支护结构施工，应按设计要求清除基础表层松土，开挖渗沟，渗沟底应满铺“两布一膜”复合土工膜，埋设透水管并用碎石将沟覆盖，然后碾压基底。局部湿软时可采用掺灰、用土工格栅包裹碎石土回填等措施处理。

9.5.2 摊铺前应根据设计长度剪裁土工格栅，并按垂直于路中线方向铺设。主受力方向土工格栅不宜连接，必须连接时，应采用连接棒或钢筋条连接，连接长度不得小于 30cm。两幅格栅间搭接宽度不得小于 15cm，并应用 U 形钉固定。铺设时，应张紧格栅，夹紧连接棒，保证加筋土体的整体性和加筋的有效性。

9.5.3 填料摊铺后应及时压实，松铺厚度不宜超过 30cm。压实含水率应按湿法重型击实确定的最佳含水率进行控制。碾压后的路基外观应表面平整，无明显轮迹、松软起皮、起皱现象。

条文说明

膨胀土的天然含水率通常较高，松铺过厚将难以压实。试验研究表明，在天然含水率附近压实的膨胀土，其强度和水稳性最好，湿法重型击实最佳含水率比较接近天然含水率，因此，考虑路基的长期强度和稳定性，条文要求应用湿法重型击实试验确定的最佳含水率进行膨胀土填料压实控制。

9.5.4 在柔性支护结构顶部应铺“两布一膜”复合土工膜至截水沟处，并应在其上回填50cm厚非膨胀性黏土，拍实后种植灌木或植草，防止雨水下渗和水土流失。

9.5.5 土工格栅加筋膨胀土路堤的施工宜连续进行并避开雨季，施工过程中应做好防排水处理。当不能连续施工时，应用填土覆盖。膨胀土路堤填筑完工后，应尽快铺设“两布一膜”复合土工膜或厚度不小于1.5m的非膨胀性黏土层，实行有效封闭，封闭层应设置不小于2%的横坡。应及时进行坡面防护，减少雨水径流冲刷。

条文说明

膨胀土吸水膨胀软化，强度急剧衰减，失水收缩开裂，因此，膨胀土路基施工宜连续，尽量避开雨季；膨胀土路堤填筑完工后，应及时做好路基的保湿防渗。

10 盐渍土路基处治与构筑物表面防腐

10.1 一般规定

10.1.1 盐渍土地区公路工程可采用土工合成材料隔离盐分迁移、防排水和构筑物表面防腐蚀等。

10.1.2 盐渍土地区公路路基隔离与防排水宜采用复合土工膜,构筑物表面防腐蚀宜采用土工织物。

条文说明

复合土工膜可以形成隔断层,限制乃至完全隔断土中水体的移动通道,防止盐分在公路结构层内迁移、积聚。土工织物在公路构筑物表面防腐工程中所起的主要作用是形成较好的防腐封闭层,切断盐分与混凝土接触的途径,阻止或延缓公路构筑物的腐蚀进程。在总结近年盐渍土地区工程经验的基础上,做出了条文规定。

10.2 路基隔离与防排水

10.2.1 应根据盐渍环境及工程特点、重要性等因素,选择合适的复合土工膜作为盐渍土地区路基隔断层。弱盐渍土地段,可选用一布一膜的复合土工膜;中、强、过盐渍土地段,应选用两布一膜或三布两膜的复合土工膜。复合土工膜的性能指标应满足表 10.2.1 的要求。

表 10.2.1 用于盐渍土地区路基隔断层的复合土工膜性能要求

性能指标	复合土工膜类型		
	一布一膜	两布一膜	三布两膜
布(质量,g/m²)/膜(厚,mm)	布/膜 ≥(250/0.25)	布/膜/布 ≥(150/0.3/150)	布/膜/布/膜/布 ≥(100/0.25/100/0.25/100)
总厚度(mm)	≥1.9	≥2.4	≥3.5
极限抗拉强度(kN/m)	≥14	≥17	≥24
极限伸长率(%)	≥30		

续上表

性能指标	复合土工膜类型		
	一布一膜	两布一膜	三布两膜
CBR 顶破强度(kN)	≥2.5	≥3.0	≥3.5
撕破强度(kN)	≥0.35	≥0.42	≥0.60
垂直渗透系数(cm/s)	$K\times(10^{-9}\sim10^{-12})$		

10.2.2 应根据公路沿线的土质类型和水文条件，以及防治目的等进行综合分析，合理确定隔断层位置，使上路堤不受下部盐、水影响，保证路床的强度与稳定性。

1 当填料为非盐渍土或易溶盐含量较小时，应将土工合成材料隔断层设置在地基与填料之间，防止路基填料产生次生盐渍化。

2 新建高速公路及一级公路的填方路堤隔断层应设置在路床顶 1.5m 以下，高出地表长期积水位 20cm 或地面 50cm 以上，并应不小于当地的最大冻深；二级和二级以下公路的隔断层应设置在路床顶 0.8m 以下，高出边沟流水位，并应满足冻胀深度要求。

3 采用路基换填与隔断措施综合处理的改建路段，隔断层顶面的位置应在换填下缘或其层间下部。挖方路段隔断层应设置在新建路面垫层底面 30cm 以下，边沟流水位 20cm 以上。

4 路段经过大面积强或过盐渍土地区，且路基填料易溶盐含量较大时，可同时在填筑体表面或土基中最高地下水位的位置设置土工合成材料隔断层，隔断水分迁移通道，防止地面水渗透造成填料淋溶性病害。

条文说明

隔断层的不透水性可能会导致隔断层下面聚集水分和盐分，造成软弱夹层，如硫酸盐含量聚集过多会成为盐胀性土层。此时，如隔断层埋置深度不够，隔断层以上填土和路面结构等上覆荷载不能抑制聚积盐胀性土的盐胀力，会产生膨胀，破坏上层结构，引起路面开裂。据有关研究，当盐胀路基上部非盐胀覆盖层厚度大于1m 时，盐胀对路面的作用将大大减小。因此，提出了对隔断层设置位置的要求。

10.2.3 土工合成材料隔断层应全断面铺设，在地表铺设时可适当加宽。

10.2.4 当土工合成材料隔断层设置在细粒土中时，其上下应分别设置不小于 20cm 的砂砾排水层。砂砾排水层的粉黏粒含量不得大于 10%，最大粒径不得大于 50mm。

10.2.5 土工合成材料铺设面应平整、密实，无坚锐凸出物，并应设置与路基表面相同的横坡。

10.2.6 土工合成材料应沿路线纵向铺设,铺设应平整,无折皱。纵向搭接应内幅压外幅,搭接宽度不宜小于20cm,最外侧一幅搭接宽度应大于30cm;横向搭接宽度应大于50cm。

10.2.7 当填筑材料内易溶盐含量较高、地面水的矿化度较高且路基有可能受地面水流影响时,应采取有效措施,避免地面水渗入填料中。

10.3 公路构筑物表面防腐

10.3.1 采用土工织物进行构筑物表面防护时,应根据干湿影响区范围和位置,合理确定土工织物使用的部位。

1 当构筑物基础较浅,有条件使防腐作业连底进行时,防腐设置范围应从基底到设计水位的浪溅影响线以上1m;当构筑物基础较深,无条件使防腐作业连底进行时,防腐设置范围应从枯水位以下1m到设计水位的浪溅影响线以上1m。

2 当构筑物仅受地下水影响时,应对20年一遇地下水位影响区及上下各1m构筑物表面进行防腐处置。

10.3.2 公路构筑物表面防腐宜选择对防腐涂料渗透性和吸附性强的土工织物。当防护位置处于地面以上时,土工织物室内紫外线辐射强度为550W/m^{2}照射150h的抗拉强度保持率应大于80%。

条文说明

我国盐渍土地区往往日照时间较长,常水位以上土工合成材料会受到光老化的直接影响,因此,条文结合工程实践,参照《公路工程土工合成材料　无纺土工织物》(JT/T 667—2006)的有关指标,提出了土工织物抗老化要求。

10.3.3 公路构筑物表面防腐可采用包裹法和面贴法。对混凝土或金属建造的桩、柱等孤立构筑物,宜采用包裹防护法,如图10.3.3-1所示,搭接部位应位于平面或缓弧面上,搭接宽度L应大于25cm;对混凝土或金属建造的大体量构筑物墙面等,可采用面贴防护法,如图10.3.3-2所示。

10.3.4 防腐层施工前应去除防护对象表面所黏附的盐类、土类等污染物。当防护对象表面存在松散、裂缝、松动、坑槽等病害时,应彻底根治,并填补平整。

10.3.5 防腐底料应具有较强的渗透性,能渗透并堵塞防护区全部开口孔隙,防腐底料

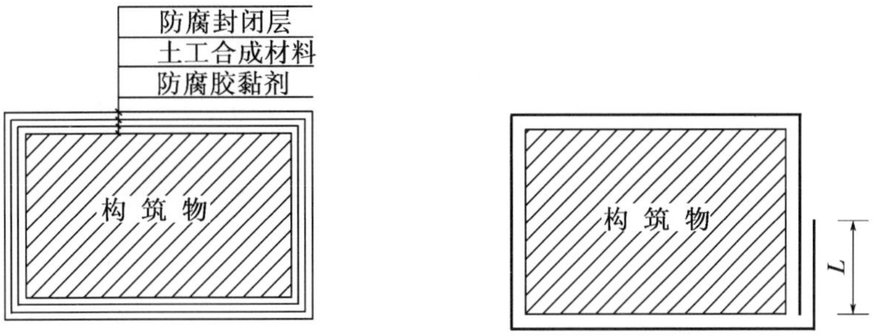

a)防腐层构造图　　b)搭接示意图

图 10.3.3-1　土工织物包裹防腐法示意图

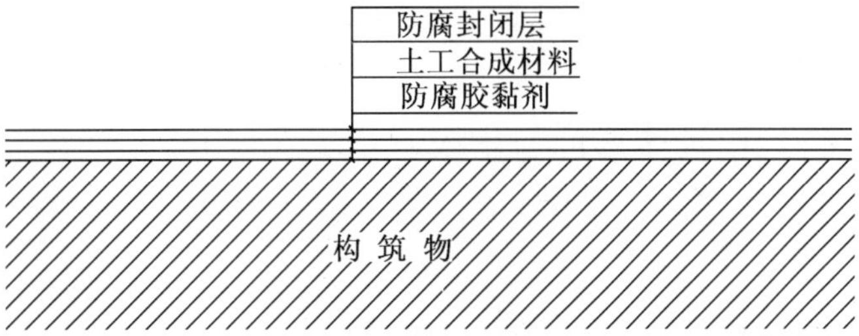

图 10.3.3-2　土工织物面贴防腐法示意图

的涂刷数量应保证表面成膜,不得流淌。

10.3.6　防腐胶黏剂与防腐底料及选用的土工织物应充分黏结。

10.3.7　包裹(敷贴)土工织物应平整、紧固,不得在包裹(敷贴)面下形成气泡。

10.3.8　防腐封闭剂的涂刷应完全覆盖土工织物包裹面(敷贴面),形成一定厚度的封闭膜。

11 路面裂缝防治

11.1 一般规定

11.1.1 土工合成材料可用于减少或延缓由旧路面裂缝对沥青加铺层的反射裂缝,或半刚性基层、刚性基层裂缝对沥青面层的反射裂缝。

11.1.2 土工合成材料用于防治反射裂缝时宜铺设于旧沥青路面、旧水泥混凝土路面沥青加铺层的底面,或新建半刚性、刚性基层沥青路面的沥青层底面。

11.1.3 应用于路面裂缝防治的土工合成材料可采用玻璃纤维格栅、聚酯玻纤土工织物、无纺土工织物等。

11.2 材料选择与设计参数

11.2.1 用于沥青路面裂缝防治的玻璃纤维格栅应满足表11.2.1的要求,其余技术指标应满足现行《玻璃纤维土工格栅》(GB/T 21825)的规定。

表11.2.1 用于路面裂缝防治的玻璃纤维格栅要求

技术指标	技术要求
原材料	无碱玻璃纤维,碱金属氧化物含量应不大于0.8%
网孔形状与尺寸	矩形,孔径宜为其上铺筑的沥青面层材料最大粒径的0.5~1.0倍
极限抗拉强度	≥50kN/m
极限伸长率	≤4%
热老化后断裂强度	经170℃、1h热处理后,其经向和纬向拉伸断裂强度应不小于原强度的90%

11.2.2 用于沥青路面裂缝防治的聚酯玻纤无纺土工织物应满足表11.2.2的要求。

表11.2.2 用于路面裂缝防治的聚酯玻纤无纺土工织物技术要求

单位面积质量	抗拉强度	极限抗拉强度纵、横比	极限延伸率(纵、横向)	CBR顶破强度
125~200g/m²	≥8.0kN/m	1.00~1.20	≤5%	≥0.55kN

11.2.3 用于沥青路面裂缝防治的长丝纺粘针刺非织造土工织物应满足表11.2.3的要求,应单面烧毛,其余技术指标应满足《公路工程土工合成材料　长丝纺粘针刺非织造土工布》(JT/T 519)的规定。

表11.2.3　用于路面裂缝防治的长丝纺粘针刺非织造土工织物技术要求

单位面积质量	极限抗拉强度	CBR顶破强度	纵、横向撕破强度	沥青浸油量
≤200g/m^2	≥7.5kN/m	≥1.4kN	≥0.21kN	≥1.2kg/m^2

11.2.4 用于沥青路面裂缝防治的聚丙烯非织造土工织物应满足表11.2.4的要求,应单面烧毛,其余技术指标应满足《公路工程土工合成材料　短纤针刺非织造土工布》(JT/T 520)的规定。聚丙烯非织造土工织物直接与摊铺温度200℃及以上的沥青混合料接触时,应进行工程试验验证其可用性。

表11.2.4　用于路面裂缝防治的聚丙烯非织造土工织物技术要求

单位面积质量	抗拉强度	极限抗拉强度纵、横比	极限延伸率(纵、横向)	CBR顶破强度	沥青浸油量
120～160g/m^2	≥9.0kN/m	≥0.80	≤40%	≥2kN	≥1.2kg/m^2

条文说明

聚丙烯非织造土工织物的熔点为165℃。相关研究和北方部分地区的实际经验证明,在下层温度较低的施工条件下,聚丙烯非织造土工织物可以适应沥青路面施工时的温度要求。鉴于我国取得的经验尚不丰富,条文中提出在应用于高温混合料前,应加强室内外试验,验证其可行性,取得地区性经验后再推广应用。

11.3 加铺设计

11.3.1 土工合成材料应用于路面结构中,应铺设于沥青面层的底部,可采用满铺和条铺方式,结构形式如图11.3.1-1～图11.3.1-3所示。

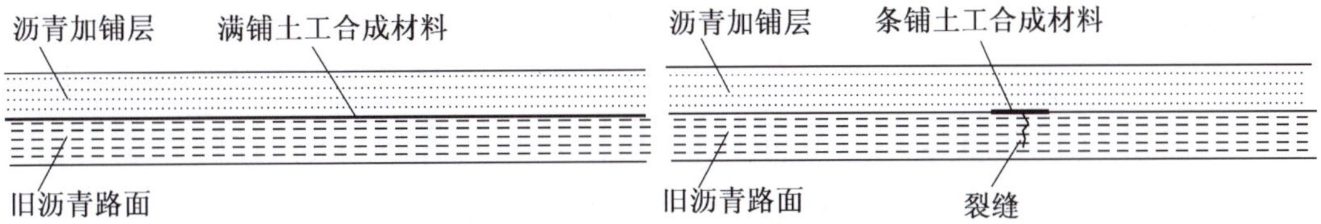

图11.3.1-1　旧沥青路面加铺层结构

11.3.2 应用土工合成材料防治路面裂缝,路面结构形式及加铺层厚度不得因加铺了土工合成材料而改变。高速公路和一级公路的旧水泥混凝土路面上加铺层厚度不宜小于

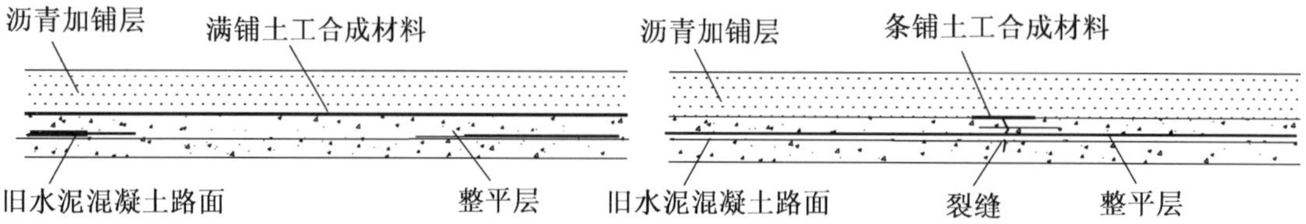

图 11.3.1-2 旧水泥混凝土路面加铺层结构

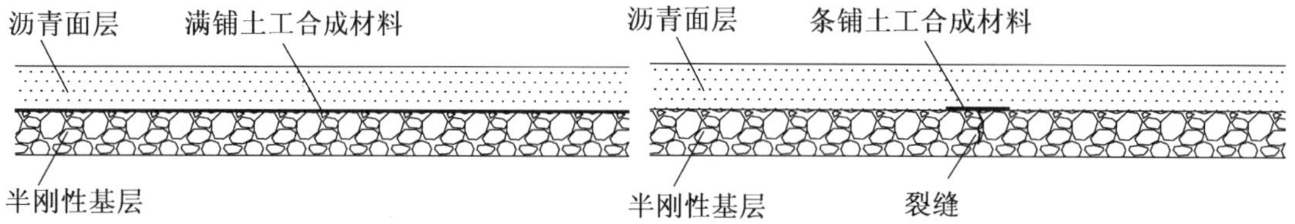

图 11.3.1-3 新建半刚性基层沥青路面加铺层结构

10cm,其他等级公路的加铺层厚度不宜小于 7cm。

条文说明

虽然有资料得出加铺土工合成材料可减薄路面厚度,但由于我国在这方面的研究还不深入,目前尚无可靠的数据支持这一结论,也没有相应的设计计算方法,因此,条文规定路面结构组合及厚度的设计应与未铺土工合成材料时相同。

11.3.3 旧沥青路面上加铺土工合成材料和沥青混凝土面层前,应对旧路进行外观评定和弯沉测定,确定路面代表弯沉值和计算弯沉值,以及旧路处理和加铺层设计方案。旧路面裂缝较多时宜采用土工合成材料满铺方式;旧路面表面较完好,裂缝较少,无网裂、龟裂时,可采用条铺方式,条铺宽度不宜小于 1m。半刚性基层和刚性基层表面铺筑沥青面层时,应根据基层表面裂缝状态及分布特征,采用条铺或满铺方式。

11.3.4 旧水泥混凝土路面加铺沥青混凝土面层,在铺设土工合成材料前,应对旧水泥混凝土路面进行强度及外观评定,并对病害进行修复,设置沥青混合料整平层。

11.3.5 土工合成材料的铺设宜对接铺设。确需搭接时,玻璃纤维格栅短边搭接长度不宜大于 20cm,并根据摊铺方向,将后一端压在前一端部之下,搭接处应采用固定器固定;长边搭接长度不宜大于 10cm,搭接处可采用尼龙绳或铁丝绑扎固定,固定点间距不应超过 1m。土工织物短边搭接长度不宜大于 15cm,并根据摊铺方向,将后一端压在前一端部之下,搭接处应采用固定器固定;长边搭接长度不宜大于 10cm,搭接处可直接用黏层油黏结。

11.3.6 玻璃纤维格栅宜先铺设,再洒铺热沥青作为黏层油,黏层油上应洒布单一粒径碎石加以保护,碎石用量宜按满铺的 40% ~55% 确定;应先洒布黏层油再摊铺土工织物,上层沥青混合料摊铺前不必再洒黏层油；黏层油不宜采用乳化沥青。热沥青或黏层油的类型和用量可按表 11.3.6 确定。

表 11.3.6　热沥青或黏层油的类型与用量

土工合成材料类型	热沥青或黏层油	
	类型	用量(kg/m^2)
玻纤格栅	普通石油沥青	1.2～1.4
	改性沥青或橡胶沥青	1.6～2.0
长丝纺粘针刺 非织造土工织物	普通石油沥青	1.2～1.4
	改性沥青或橡胶沥青	1.4～1.8
聚酯玻纤土工织物 聚丙烯土工织物	普通石油沥青	0.8～1.0
	改性沥青或橡胶沥青	适当增加沥青用量

条文说明

土工织物—沥青层不透水，可以与面层和基层良好黏结，可以延迟裂缝产生，提高沥青路面寿命。有资料表明，浸透沥青在界面层中起着主要作用，对延迟产生裂缝起着 2/3 的作用，而土工合成材料起着 1/3 的作用。

沥青用量与土工织物的材质、单位面积质量（厚度）等有关，以土工织物浸泡沥青，黏结良好，不产生泛油为宜，可通过试验确定。FHWA 建议沥青饱和度 0.9L/m^2；德国赫司特公司推荐的标准为路面表面平整、坚实、无坑洞时，沥青用量取 1.1L/m^2，有裂缝时取 1.4L/m^2，有开口裂缝时取 1.7L/m^2；法国资料为 1～1.2kg/m^2。

因此，需要对沥青用量做出规定，条文中所推荐的用量是在总结工程经验的基础上提出的。

11.4　施工要点

11.4.1　采用土工合成材料防治旧路面上加铺沥青面层的反射裂缝，应对旧水泥混凝土路面的板底脱空、面板破碎、断板等病害进行修复，对旧沥青路面的坑槽裂缝等病害进行修补，并对旧路面进行清洗（扫）。

条文说明

旧路面的各类病害直接影响到加铺层和土工合成材料的使用效果，路面不清洁则会影响加铺层与原路面的结合，为此，提出了条文的要求。

11.4.2　应对修复后的旧水泥混凝土路面进行整平，整平层宜采用沥青砂或细粒式沥青混凝土，整平后的平整度应小于 5mm；当旧水泥混凝土路面整体结构性好，路面平整时，也可不摊铺整平层，但应清除接缝中的填料与杂物，并灌填沥青，对旧路面进行清洗（扫）。

11.4.3 满铺法铺设土工合成材料时,应先将一端用固定器固定,用机械和人工张紧后,用固定器固定另一端。张拉伸长率宜控制在1.0% ~1.5%。固定器可采用固定钉和固定铁皮,固定钉可采用水泥钉、射钉或膨胀螺钉,钉长宜为8 ~10cm,膨胀螺钉直径宜为6mm;固定铁皮可采用厚1mm、宽3cm的铁皮条。

11.4.4 条铺玻璃纤维格栅时,宜采用人工张拉并粘贴至对应的接(裂)缝,固定两端,再洒布黏层沥青,黏层沥青上应撒布单一粒径碎石。

11.4.5 条铺土工织物时,应先洒布黏层油,再人工张拉土工织物粘贴。黏层油宜采用普通石油沥青。

11.4.6 进行沥青路面施工时,施工车辆不得在土工合成材料表面转弯。

12 质量管理及检查验收

12.1 一般规定

12.1.1 应加强对原材料的质量控制，严把原材料质量关，杜绝不合格的原材料进场。生产厂家和经销单位所提供的土工合成材料及其辅助产品，应具有产品质量合格证和国家认可检测部门的技术性能检测报告。施工中，施工单位应根据要求的频率对进场原材料进行检测试验，监理工程师应进行抽检，合格后方可用于工程。

12.1.2 施工单位应建立健全工地试验、质量检查及工序间的交接验收等制度；试验、检查应做到原始记录齐全、数据真实可靠。

12.1.3 监理单位应根据工程内容要求、试验测试手段与方法，确定工程监理计划，安排监理人员，制订监理方案，加强现场旁站工作，做好监理记录和拍摄照片或录像等实态记录。

12.2 材料验收与存储

12.2.1 施工单位所购材料应附有生产厂家质保书。进场的材料应随带对应的合格证、出厂检测报告等产品质量合格证明材料，施工单位应核对材料的产地、品种、规格、批次、外观、生产日期、数量，确保与合格证相符。核对无误后应按表 12.2.1 的规定进行抽样检验。

条文说明

规定中有的以“批”为单位，这是因为一个工程所用的材料可能要分几次购入，或购入时材料、生产厂家发生变化，故规定每批都得试验。数量太少时，不宜分批购入，以免影响材料稳定性。

12.2.2 施工前应对拟采用的土工合成材料，根据设计文件提供的设计指标要求，按表 12.2.1 所列试验项目和频度，委托具有相应资质的单位进行相关试验。施工过程中，当土工合成材料及其连接材料等来源发生变化时，应重新进行试验。

12.2.3 施工单位工地试验室应配备相应的检测仪具,能进行表12.2.3所列的土工合成材料基本试验,能满足现场施工质量控制和检验的需要。

12.2.4 验收合格的土工合成材料应按要求存储,并做好防火工作。土工合成材料的装卸、转运和堆放应严格执行厂家提供的装卸吊运方式方法。不同土工合成材料应分类堆放,最大堆放高度以厂家提供的数据为准,或根据现场条件在确保安全的前提下具体确定;产品应用黑色包皮包装,运输、储存和堆放均应避免阳光照射,并应保持通风、干燥和远离高温源。

12.2.5 表12.2.1和表12.2.3所列试验项目应按现行《公路工程土工合成材料试验规程》(JTG E50)的规定及其他试验规程的规定进行。

12.3 试验路段

12.3.1 对高速公路和一级公路,以及在特殊地区或采用新技术、新工艺、新材料的工程,在应用土工合成材料的工程正式开工前,应结合工程提前修筑试验段。修筑试验段应对材料选择和施工工艺进行检验和完善,重点完成以下几方面的工作:

1 检验土工合成材料的选材与设计方案、试验方案是否合适,能否达到工程预期目的;

2 根据试验路段施工情况提出施工设计图的修改建议;

3 确定工程项目全线指导性的施工组织方案和工艺,包括施工机械设备组合、施工过程、施工质量控制方法与指标等;

4 完善项目施工质量保障体系,细化质量管理制度,确定工程质量评价指标、标准等。

12.3.2 试验路段施工前应编制试验研究大纲,制订详尽的试验研究计划,并进行专门的现场观测设计。

12.3.3 试验路段应选在地质条件、断面形式及工程要求均具有代表性的路段,宜选取在主线上施工方便的路段,长度不宜小于100m。对选定的场地,应加强勘察及土工试验,保证勘察成果的可靠性和代表性。

12.4 检查验收

12.4.1 土工合成材料分项工程以及所在分部和单位工程,其交工及竣工验收的质量检查评定,应在满足基本要求规定,无外观和质量缺陷,保证资料真实并基本齐全的前提下,按照现行《公路工程质量检验评定标准 第一册 土建工程》(JTG F80/1)的有关规定进行。

表 12.2.1 土工合成材料试验项目

目的及拟采用的材料 试验项目	加筋		排水	过滤	防渗/隔离	坡面防护		冲刷防护		防治差异沉降		路面防裂		频度
	土工织物	土工格栅/格室	排水材料	土工织物	土工膜	土工网	土工格栅/格室	土工织物	土工模袋	土工织物	土工格栅/格室	土工织物	玻璃纤维格栅	
单位面积质量	★	△	★	★	★	★	△	★	★	★	△	★	△	1 次/10 000m²
厚度	△	△	★	★	★	★	△	★	★	△	△	△	△	1 次/10 000m²
孔径	×	★	△	△	×	★	★	×	×	×	★	×	★	1 次/10 000m²
几何尺寸	★	★	★	★	★	★	★	★	★	★	★	★	★	1 次/10 000m²
垂直渗透系数	×	×	★	★	×	×	×	★	×	×	×	×	×	1 次/10 000m²
水平渗透系数	×	×	★	★	×	×	×	★	×	×	×	×	×	1 次/10 000m²
有效孔径	×	×	△	★	×	×	×	△	×	×	×	×	×	1 次/10 000m²
淤堵	×	×	★	★	×	×	×	△	×	×	×	×	×	1 次/10 000m²
耐静水压	×	×	×	×	★	×	×	×	★	×	×	×	×	1 次/10 000m²
拉伸强度	★	★	△	△	×	△	△	△	×	★	★	★	★	1 次/10 000m²
CBR 顶破	★	×	★	★	★	×	×	★	★	★	×	★	×	1 次/10 000m²
刺破	★	×	★	★	★	×	×	△	△	★	×	★	×	1 次/10 000m²
节点/焊点强度	×	★	×	×	×	★	★	×	×	×	★	×	★	1 次/批

续上表

试验项目 \ 目的及拟采用的材料	加筋		排水	过滤	防渗/隔离	坡面防护		冲刷防护		防治差异沉降		路面防裂		频度
	土工织物	土工格栅/格室	排水材料	土工织物	土工膜	土工网	土工格栅/格室	土工织物	土工模袋	土工织物	土工格栅/格室	土工织物	玻璃纤维格栅	
直接剪切摩擦	★	★	×	×	×	×	×	×	×	★	★	×	△	1 次/批
拉拔摩擦	★	★	×	×	×	×	×	×	×	★	★	×	△	1 次/批

注:1. ★为必做试验项目;△为选做试验项目;×为不做试验项目。
2. 试验频度亦可根据工程规模、所用材料数量由设计单位或监理单位确定。当材料数量不足 10 000m² 时,抽样频度亦取 1 次。
3. 当土工合成材料兼起两种或多种功能时,应测试各功能所包含的所有试验项目。

表 12.2.3 土工合成材料工地试验项目

试验项目 \ 目的及拟采用的材料	加筋		排水	过滤	防渗/隔离	坡面防护		冲刷防护		防治差异沉降		路面防裂		频度
	土工织物	土工格栅/格室	排水材料	土工织物	土工膜	土工网	土工格栅/格室	土工织物	土工模袋	土工织物	土工格栅/格室	土工织物	玻璃纤维格栅	
单位面积质量	★	△	★	★	★	★	△	★	★	★	△	★	△	1 次/批
厚度	△	△	★	★	★	★	△	★	★	△	△	△	△	1 次/批
孔径	×	★	△	△	×	★	★	×	×	×	★	×	★	1 次/批
几何尺寸	★	★	★	★	★	★	★	★	★	★	★	★	★	1 次/批
拉伸强度	★	★	△	△	×	△	△	△	×	★	★	★	★	1 次/批

注:1. ★为必做试验项目;△为选做试验项目;×为不做试验项目。
2. 工地试验频度按所购材料的批次进行,如每批次大于 5 000m²,为一批。

12.4.2 施工质量验收应遵循“验评分离、强化验收、完善手段、过程控制”的原则。隐蔽工程在工程施工过程中及隐蔽之前应做好施工过程记录以及相关验收手续，未经验收，不得隐蔽。

12.4.3 检查验收时应随机抽样。现场随机取样位置的确定，应按照部颁有关规范进行；对属于隐蔽工程的部位，应以检查图片、样品和原始资料为主，必要时可开挖检查。

12.4.4 土工合成材料工程质量应符合以下基本要求：

1 土工合成材料质量应符合设计要求，外观无破损、无老化、无污染。

2 在平整的下承层上按设计要求铺设、固定土工合成材料。铺设的土工合成材料应无皱折、紧贴下承层，锚固端施工应符合设计要求。

3 土工合成材料的铺设层数、范围、方向和连接应符合设计要求。上、下层土工合成材料搭接缝应交替错开。

12.4.5 对满足基本要求的土工合成材料应用工程，应按表 12.4.5-1 ~ 表 12.4.5-9 规定的实测项目进行质量检验。下承层的要求和检查频度应满足现行《公路工程质量检验评定标准 第一册 土建工程》(JTG F80/1)的相应条款。

表 12.4.5-1 土工合成材料与地基质量检验实测项目

项目	序号	检 查 项 目	允许偏差或允许值		检查方法
			单位	数值	
主控项目	1	土工合成材料强度	%	≤5	拉伸试验（结果与设计标准相比）
	2	土工合成材料延伸率	符合设计要求		拉伸试验（结果与设计标准相比）
	3	地基承载力	符合设计要求		按规定方法
一般项目	1	土工合成材料搭接长度	mm	+50,0	用钢尺量
	2	土石料有机质含量	符合设计要求		焙烧法
	3	层面平整度	mm	≤20	用 2m 靠尺
	4	每层铺设厚度	mm	±25	水准仪

表 12.4.5-2 不均匀沉降防治工程土工合成材料实测项目

项次	检 查 项 目	规定值或允许偏差	检查方法和频率
1	铺设范围	不小于设计值	每 200m 检查 4 处
2	下承层平整度、拱度	符合设计要求	每 200m 检查 4 处
3	搭接宽度(mm)	+50,0	抽查 2%
4	搭接缝错开距离(mm)	符合设计要求	抽查 2%
5	锚固(回折)长度(mm)	符合设计要求	抽查 2%

表 12.4.5-3 不均匀沉降防治工程 EPS 路堤质量检测项目

<table>
<tr><td>序号</td><td colspan="2">检 查 项 目</td><td>允许偏差</td><td>检查方法和频率</td></tr>
<tr><td rowspan="3">1</td><td rowspan="3">EPS 块体尺寸</td><td>长度(mm)</td><td>±10</td><td rowspan="3">卷尺丈量,抽样频率:EPS 施工用量 $V<2\ 000m^3$ 时抽检 2 块,
$2\ 000m^3 \leqslant V<5\ 000m^3$ 时抽检 3 块,
$5\ 000m^3 \leqslant V<10\ 000m^3$ 时抽检 4 块,
$V>10\ 000m^3$ 时,每 2 000 m^3 抽检 1 块</td></tr>
<tr><td>宽度(mm)</td><td>±8</td></tr>
<tr><td>厚度(mm)</td><td>±3</td></tr>
<tr><td>2</td><td colspan="2">EPS 块体密度</td><td>不低于设计值</td><td>天平,抽样频率同序号 1</td></tr>
<tr><td>3</td><td colspan="2">EPS 块体强度</td><td>符合设计要求</td><td>抗压试验抽样频率同序号 1</td></tr>
<tr><td>4</td><td colspan="2">基底压实度(%)</td><td>≥90</td><td>环刀法或灌砂法,每 1 000m^2 检测 3 点</td></tr>
<tr><td>5</td><td colspan="2">垫层平整度(mm)</td><td>10</td><td>3m 直尺,每 20m 检查 3 点</td></tr>
<tr><td>6</td><td colspan="2">EPS 块体之间的平整度(mm)</td><td>5</td><td>3m 直尺,每 20m 检查 3 点</td></tr>
<tr><td>7</td><td colspan="2">EPS 块体之间缝隙(mm)</td><td>20</td><td>卷尺丈量,每 20m 检查 1 点</td></tr>
<tr><td>8</td><td colspan="2">EPS 块体之间错台(mm)</td><td>10</td><td>卷尺丈量,每 20m 检查 1 点</td></tr>
<tr><td>9</td><td colspan="2">基底横坡(%)</td><td>±0.5</td><td>水准仪,每 20m 检查 6 点</td></tr>
<tr><td>10</td><td colspan="2">护坡宽度</td><td>不小于设计值</td><td>卷尺丈量,每 40m 检查 1 点</td></tr>
<tr><td>11</td><td colspan="2">钢筋混凝土板厚度(mm)</td><td>+10,-5</td><td>卷尺丈量板边,每块 2 点(钻孔,视需要)</td></tr>
<tr><td>12</td><td colspan="2">钢筋混凝土板宽度(mm)</td><td>±20</td><td>卷尺丈量,每 100m 检查 2 点</td></tr>
<tr><td>13</td><td colspan="2">钢筋混凝土板强度</td><td>符合设计要求</td><td>抗压试验,每工作台班留 2 组试件</td></tr>
<tr><td>14</td><td colspan="2">钢筋网间距(mm)</td><td>±10</td><td>卷尺丈量</td></tr>
</table>

注:路线曲线部分的 EPS 块体缝隙不得大于 50mm。

表 12.4.5-4 加筋工程土工合成材料实测项目

项次	检 查 项 目	规定值或允许偏差	检查方法和频率
1	下承层平整度、拱度	符合设计要求	每 200m 检查 4 处
2	搭接宽度(mm)	+50,0	抽查 2%
3	搭接缝错开距离(mm)	符合设计要求	抽查 2%
4	锚固(回折)长度	符合设计要求	抽查 2%
5	铺设层数	符合设计要求	每 200mm 检查 4 处
6	铺设层间距(mm)	±50	每 200mm 检查 4 处
7	筋材连接处强度	符合设计要求	每 200mm 检查 4 处

表 12.4.5-5 隔离防水工程土工合成材料(土工膜)实测项目

项次	检 查 项 目	规定值或允许偏差	检查方法和频率
1	下承层平整度、拱度	符合设计要求	每 200m 检查 4 处
2	搭接宽度(mm)	+50,0	抽查 2%
3	搭接缝错开距离(mm)	符合设计要求	抽查 2%
4	表面保护层厚度	符合设计要求	抽查 2%

表 12.4.5-6　冲刷防护工程土工合成材料(土工织物软体沉排)实测项目

项次	检 查 项 目	规定值或允许偏差	检查方法和频率
1	下承层平整度、拱度	符合设计要求	每 200m 检查 4 处
2	搭接宽度(mm)	+50,0	抽查 2%
3	充填或压重块体厚度(mm)	符合设计要求	每 100m 检查 4 处

表 12.4.5-7　冲刷防护工程土工合成材料(土工模袋)实测项目

项次	检 查 项 目	规定值或允许偏差	检查方法和频率
1	下承层平整度、拱度	符合设计要求	每 200m 检查 4 处
2	模袋厚度(mm)	+50,0	每 100m 检查 4 处
3	模袋混凝土坍落度(mm)	+20,-20	每 $100m^3$ 检查 2 次
4	充填料强度(mm)	符合设计要求	每 $100m^3$ 检查 1 组

表 12.4.5-8　沙漠地区土工合成材料线外固沙质量检验实测项目

项次	检 查 项 目	规定值或允许偏差	检查方法和频率
1	沙障高度	符合设计要求	抽查 2%
2	编织袋间距(mm)	±100	每 50m 检查 1 处
3	沙障锚固长度	符合设计要求	抽查 2%
4	土工网埋沙深度	符合设计要求	抽查 2%

表 12.4.5-9　盐渍土路基土工合成材料隔断层质量检验实测项目

项次	检 查 项 目	规定值或允许偏差	检查方法和频率
1	下承层平整度、拱度	符合设计要求	每 200m 检查 4 处
2	搭接宽度(mm)	+50,0	抽查 2%
3	搭接缝错开距离(mm)	符合设计要求	抽查 2%

12.5　质量管理

12.5.1　应根据建设任务、施工管理和质量检验评定的需要,在施工准备阶段按《公路工程质量检验评定标准　第一册　土建工程》(JTG F80/1—2004)附录 A,将建设项目划分为单位工程、分部工程和分项工程。施工单位、监理单位和建设单位应按相同的工程项目划分进行工程质量的监控和管理。

12.5.2　工程质量管理应遵循"分项保分部、分部保单位工程"的原则。应用土工合成材料的分项工程,都应从基本要求、实测项目、外观鉴定和质量保证资料四个方面进行质量检验。

12.5.3 对新技术、新材料、新工艺等施工经验不足的分项工程,应对人员进行培训,通过试验或示范确定施工工艺。对质量控制难点,应按照试验确定的质量标准进行跟踪检查验收。

12.5.4 对特殊地区、特殊情况,或采用本规范未列出的土工合成材料,在本规范中缺乏具体的技术规定时,应在确保工程质量的前提下,按照实际情况制定技术标准,并报主管部门批准后执行。对特大工程或特殊工程,可单独制定比本标准更严格的质量管理标准。

12.5.5 施工单位应有完整的施工原始记录、试验数据、分项工程自查数据等质量保证资料,并进行整理分析,应提交齐全、真实和系统的施工资料和图表。工程监理单位应提交齐全、真实和系统的监理资料。

12.5.6 质量保证资料应包括以下内容:

1 所用原材料、半成品和成品质量检验结果;

2 施工质量控制检验和试验数据;

3 地基处理、隐蔽工程施工记录;

4 各项质量控制指标的试验记录和质量检验汇总图表;

5 施工过程中非正常情况的记录及其对工程质量的影响分析;

6 施工过程中如发生质量事故,经处理补救后,达到设计要求的认可证明文件等。

附录A　侧向浸水加州承载比(MCBR)试验方法

A.1　适用范围

A.1.1　本试验适用于膨胀土用作土工格栅加筋柔性支护路堤填料时的性能测试。

A.1.2　试样的最大粒径宜控制在25mm以内,最大不得超过38mm。

A.2　仪器设备

A.2.1　圆孔筛:孔径38mm筛。

A.2.2　侧向浸水试筒:金属圆筒,如图A.2.2所示。其内径152mm、高170mm;筒壁带孔,孔径为3~6mm,沿筒壁平均分布为68行、11列,共724个;套环高50mm;筒内垫块直径151mm、高50mm。

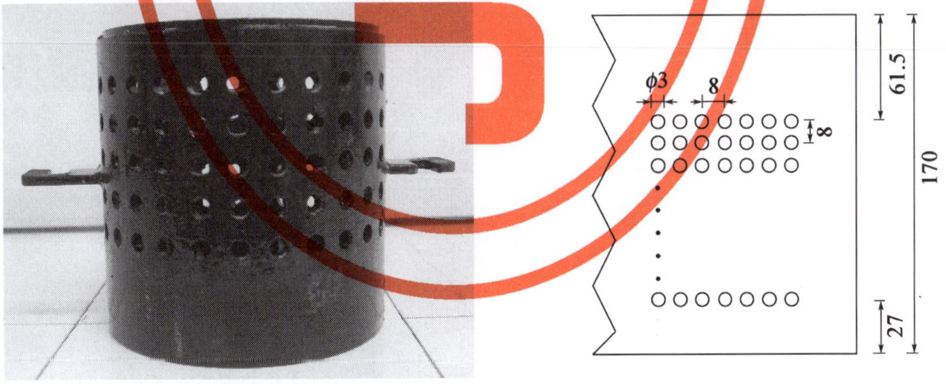

图A.2.2　试筒及透水孔布置(尺寸单位:mm)

A.2.3　电动击实仪:夯锤底面直径50mm,总质量4.5kg。

A.2.4　滤纸条:长50mm、宽15mm。

A.2.5　支架:整体式膨胀量测定支架,可同时测量多个试件,如图A.2.5所示;百分表连接杆可在支架上左右和上下移动,满足对不同上覆压力多个试件同时测试的需要。

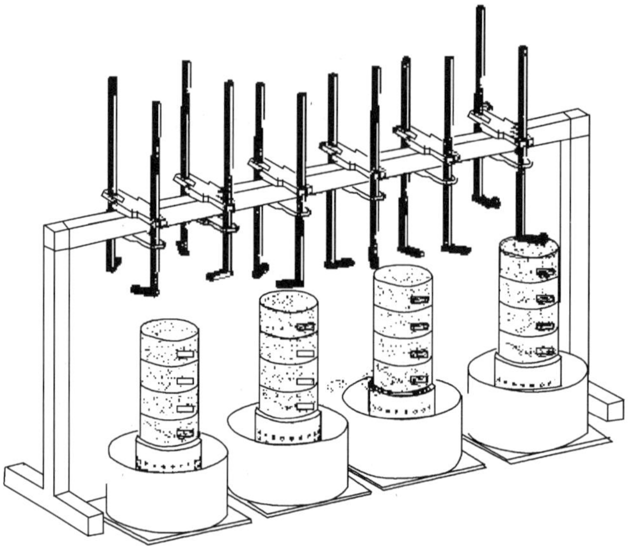

图 A.2.5　整体式膨胀量测定支架

A.2.6　荷载板:直径 150mm,中心孔眼直径 52mm,每块质量 1.25kg,并沿直径分为两个半圆块,每组数量为 4 块,如图 A.2.6 所示。

A.2.7　荷载块:直径 150mm 的实心块,每块质量 8.00kg,如图 A.2.7 所示。

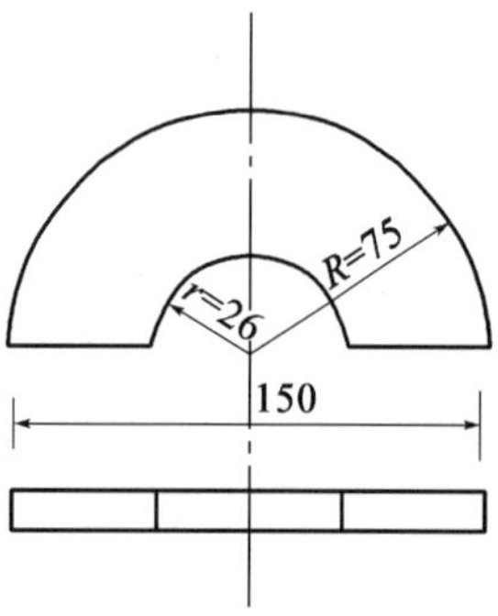

图 A.2.6　荷载板(尺寸单位:mm)

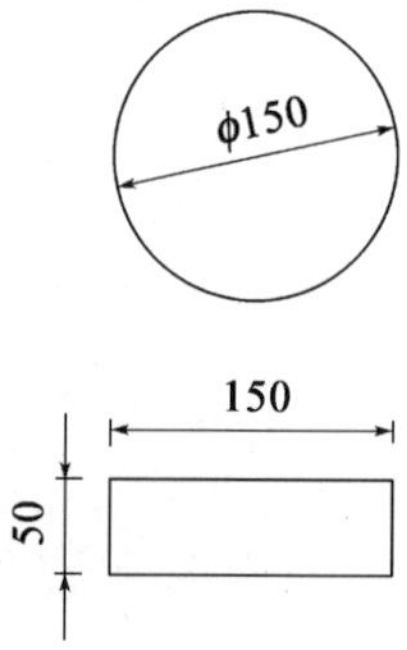

图 A.2.7　荷载块(尺寸单位:mm)

A.2.8　筒内垫块:直径 151mm、高 50mm 的金属实心块。

A.2.9　贯入杆:端面直径 50mm、长约 100mm 的金属柱。

A.2.10　路面材料强度仪或其他荷载装置:压力不小于 50kN,能调节贯入速度至每分钟贯入 1mm,可采用测力计式。

A.2.11 百分表:每组3个,一个用于应力环变形的量测,另外两个用于贯入量的平行量测。

A.2.12 多孔板。

A.2.13 泡水筒:浸泡试件用,筒底直径应大于多孔底板两尖角间的距离。

A.2.14 其他:台秤,感量为试件用量的0.1%;天平,感量0.01g;木锤;喷水设备;碾土器;拌和盘;铝盒;修土刀;直尺;脱模器等。

A.3 试样制备

A.3.1 通过湿法击实试验求得土样的最大干密度和最佳含水率。

A.3.2 取具有代表性的天然状态下的试料15kg,对高含水率土,可省略过筛步骤,用手拣除大于38mm的颗粒。从试料中制备质量约6.0kg的试料1份,风干至最佳含水率的状态。

A.3.3 制试件前应取样测试试料的实际含水率。

A.3.4 当需要测定不同含水率试件的CBR值时,可采用湿土法将试料分别风干,使其含水率按2%~3%递减。

A.4 试验步骤

A.4.1 试筒称量后将其固定在底板上,安放滤纸,使之覆盖筒壁上的透水孔。放下筒内垫块并压住滤纸底部边缘使其紧贴试筒壁,在垫块上放一张圆形滤纸,安上套环,夹住滤纸上部边缘使其固定。

A.4.2 采用标准重型击实方法进行击实。试件分3层击实,每层需试样1 600g左右。第一层击实完后,将试样层面"拉毛",然后进行第二层击实,重复上述方法进行其余每层试样的击实。

A.4.3 卸下套环,用直刮刀沿试筒顶修平击实的试件,表面不平整处用细料修补。取出垫块,称取试筒和试件的质量。

A.4.4 按以下步骤和要求泡水测膨胀量:

1 试件制成后,在修平的表面放一张好滤纸,并在上放置多孔底板。

2 将试件放入整体式膨胀量测定支架下的泡水筒里(先不放水),在顶面安装设有调解杆的多孔板,使试件受力均匀,并便于膨胀量的测量。在多孔板上依次加上4块荷载板和适当数量的荷载块。所加荷载块的数量应根据需要的上覆压力确定,通常为4块,放置荷载块时应避免偏心加载。

3 调整支架的拉杆,安装百分表,并读取初读数。

4 向筒内放水,使水自由地从试件的侧向和底部入渗。放水时应注意不要让水溅到试件顶面,筒内水面应控制在最上层的透水孔处。按规定时间间隔读百分表,并计算膨胀量。泡水4d,卸载后取出试件静置15min,让其排水,并称量,计算试件的湿度和密度的变化。

A.4.5 按以下步骤和要求进行贯入试验:

1 将泡水试验终了的试件放到路面材料强度试验仪的升降台上,调整偏球座,使贯入杆与试件顶面全面接触,再在试件顶面放置4块荷载板。

2 在贯入杆上施加45N荷载,然后将测力和测变形的百分表的指针都调整至零点。

3 加荷使贯入杆以1~1.25mm/min的速度压入试件,记录测力计内百分表某些整读数(如20、40、60)时的贯入量,并注意使贯入量为2.5mm时,能有5个以上的读数。

A.5 结果整理

应按现行《公路土工试验规程》(JTG E40)中T 0134进行试验结果的整理。

本规范用词用语说明

A.0.1 为便于在执行本规范条文时区别对待，对要求严格程度不同的用词说明如下：

1 表示很严格，非这样做不可的：

正面词采用"必须"；

反面词采用"严禁"。

2 表示严格，在正常情况下均应这样做的：

正面词采用"应"；

反面词采用"不应"或"不得"。

3 表示允许稍有选择，在条件许可时首先应这样做的：

正面词采用"宜"；

反面词采用"不宜"。

4 表示有选择，在一定条件下可以这样做的，采用"可"。

A.0.2 条文中指定应按其他有关标准、规范、规程执行时，写法为"应符合……的规定"或"应按……执行"。

公路工程现行标准、规范、规程、指南一览表

（2016年11月版）

序号	类别		编　　号	书名（书号）	定价（元）
1	基础		JTG A02—2013	公路工程行业标准制修订管理导则（10544）	15.00
2			JTG A04—2013	公路工程标准编写导则（10538）	20.00
3			JTJ 002—87	公路工程名词术语（0346）	22.00
4			JTJ 003—86	公路自然区划标准（0348）	16.00
5			JTG B01—2014	★公路工程技术标准（活页夹版，11814）	98.00
6			JTG B01—2014	★公路工程技术标准（平装版，11829）	68.00
7			JTG B02—2013	公路工程抗震规范（11120）	45.00
8			JTG/T B02-01—2008	公路桥梁抗震设计细则（13318）	45.00
9			JTG B03—2006	公路建设项目环境影响评价规范（0927）	26.00
10			JTG B04—2010	公路环境保护设计规范（08473）	28.00
11			JTG B05—2015	★公路项目安全性评价规范（12806）	45.00
12			JTG B05-01—2013	公路护栏安全性能评价标准（10992）	30.00
13			JTG B06—2007	公路工程基本建设项目概算预算编制办法（06903）	26.00
14			JTG/T B06-01—2007	★公路工程概算定额（06901）	110.00
15			JTG/T B06-02—2007	★公路工程预算定额（06902）	138.00
16			JTG/T B06-03—2007	★公路工程机械台班费用定额（06900）	24.00
17			交通部定额站2009版	公路工程施工定额（07864）	78.00
18			JTG/T B07-01—2006	公路工程混凝土结构防腐蚀技术规范（0973）	16.00
19			交通部2007年第30号	国家高速公路网相关标志更换工作实施技术指南（1124）	58.00
20			交通部2007年第35号	收费公路联网收费技术要求（1126）	62.00
21			交通运输部2015年第40号	★收费公路联网收费多义性路径识别技术要求（12484）	40.00
22			JTG B10-01—2014	公路电子不停车收费联网运营和服务规范（11566）	30.00
23			交通运输部2011年	公路工程项目建设用地指标（09402）	36.00
24	勘测		JTG C10—2007	★公路勘测规范（06570）	28.00
25			JTG/T C10—2007	★公路勘测细则（06572）	42.00
26			JTG C20—2011	公路工程地质勘察规范（09507）	65.00
27			JTG/T C21-01—2005	公路工程地质遥感勘察规范（0839）	17.00
28			JTG/T C21-02—2014	公路工程卫星图像测绘技术规程（11540）	25.00
29			JTG/T C22—2009	公路工程物探规程（1311）	28.00
30			JTG C30—2015	★公路工程水文勘测设计规范（12063）	70.00
31	设计	公路	JTG D20—2006	★公路路线设计规范（0996）	38.00
32			JTG/T D21—2014	公路立体交叉设计细则（11761）	60.00
33			JTG D30—2015	★公路路基设计规范（12147）	98.00
34			JTG/T D31—2008	沙漠地区公路设计与施工指南（1206）	32.00
35			JTG/T D31-02—2013	★公路软土地基路堤设计与施工技术细则（10449）	40.00
36			JTG/T D31-03—2011	★采空区公路设计与施工技术细则（09181）	40.00
37			JTG/T D31-04—2012	多年冻土地区公路设计与施工技术细则（10260）	40.00
38			JTG/T D32—2012	★公路土工合成材料应用技术规范（09908）	42.00
39			JTG D40—2011	★公路水泥混凝土路面设计规范（09463）	40.00
40			JTG D50—2006	★公路沥青路面设计规范（06248）	36.00
41			JTG/T D33—2012	公路排水设计规范（10337）	40.00
42		桥隧	JTG D60—2015	★公路桥涵设计通用规范（12506）	40.00
43			JTG/T D60-01—2004	公路桥梁抗风设计规范（0814）	28.00
44			JTG D61—2005	公路圬工桥涵设计规范（13355）	30.00
45			JTG D62—2004	公路钢筋混凝土及预应力混凝土桥涵设计规范（05052）	48.00
46			JTG D63—2007	公路桥涵地基与基础设计规范（06892）	48.00
47			JTG D64—2015	★公路钢结构桥梁设计规范（12507）	80.00
48			JTG D64-01—2015	公路钢混组合桥梁设计与施工规范（12682）	45.00
49			JTG/T D65-01—2007	公路斜拉桥设计细则（1125）	28.00
50			JTG/T D65-04—2007	公路涵洞设计细则（06628）	26.00
51			JTG/T D65-05—2015	公路悬索桥设计规范（12674）	55.00
52			JTG/T D65-06—2015	公路钢管混凝土拱桥设计规范（12514）	40.00
53			JTG D70—2004	公路隧道设计规范（05180）	50.00
54			JTG/T D70—2010	★公路隧道设计细则（08478）	66.00
55			JTG D70/2—2014	公路隧道设计规范　第二册　交通工程与附属设施（11543）	50.00
56			JTG/T D70/2-01—2014	公路隧道照明设计细则（11541）	35.00
57			JTG/T D70/2-02—2014	公路隧道通风设计细则（11546）	70.00

续上表

序号	类别		编　　号	书名(书号)	定价(元)
58	设计	交通工程	JTG D80—2006	高速公路交通工程及沿线设施设计通用规范(0998)	25.00
59			JTG D81—2006	★公路交通安全设施设计规范(0977)	25.00
60			JTG/T D81—2006	★公路交通安全设施设计细则(0997)	35.00
61			JTG D82—2009	公路交通标志和标线设置规范(07947)	116.00
62		综合	交公路发〔2007〕358 号	公路工程基本建设项目设计文件编制办法(06746)	26.00
63			交公路发〔2007〕358 号	公路工程基本建设项目设计文件图表示例(06770)	600.00
64			交公路发〔2015〕69 号	公路工程特殊结构桥梁项目设计文件编制办法(12455)	30.00
65	检测		JTG E20—2011	公路工程沥青及沥青混合料试验规程(09468)	106.00
66			JTG E30—2005	公路工程水泥及水泥混凝土试验规程(13319)	55.00
67			JTG E40—2007	★公路土工试验规程(06794)	79.00
68			JTG E41—2005	公路工程岩石试验规程(0828)	18.00
69			JTG E42—2005	公路工程集料试验规程(13353)	50.00
70			JTG E50—2006	★公路工程土工合成材料试验规程(0982)	28.00
71			JTG E51—2009	公路工程无机结合料稳定材料试验规程(08046)	48.00
72			JTG E60—2008	公路路基路面现场测试规程(07296)	38.00
73			JTG/T E61—2014	公路路面技术状况自动化检测规程(11830)	25.00
74	施工	公路	JTG F10—2006	公路路基施工技术规范(06221)	40.00
75			JTG/T F20—2015	★公路路面基层施工技术细则(12367)	45.00
76			JTG/T F30—2014	公路水泥混凝土路面施工技术细则(11244)	60.00
77			JTG/T F31—2014	公路水泥混凝土路面再生利用技术细则(11360)	30.00
78			JTG F40—2004	★公路沥青路面施工技术规范(05328)	38.00
79			JTG F41—2008	公路沥青路面再生技术规范(07105)	25.00
80		桥隧	JTG/T F50—2011	★公路桥涵施工技术规范(09224)	110.00
81			JTG/T F81-01—2004	公路工程基桩动测技术规程(0783)	20.00
82			JTG F60—2009	公路隧道施工技术规范(07992)	42.00
83			JTG/T F60—2009	公路隧道施工技术细则(07991)	58.00
84		交通	JTG F71—2006	★公路交通安全设施施工技术规范(0976)	20.00
85			JTG/T F72—2011	公路隧道交通工程与附属设施施工技术规范(09509)	35.00
86	质检安全		JTG F80/1—2004	公路工程质量检验评定标准　第一册　土建工程(05327)	46.00
87			JTG F80/2—2004	公路工程质量检验评定标准　第二册　机电工程(05325)	26.00
88			JTG G10—2016	公路工程施工监理规范(13275)	40.00
89			JTG F90—2015	★公路工程施工安全技术规范(12138)	68.00
90	养护管理		JTG H10—2009	公路养护技术规范(08071)	49.00
91			JTJ 073.1—2001	公路水泥混凝土路面养护技术规范(0520)	12.00
92			JTJ 073.2—2001	公路沥青路面养护技术规范(0551)	13.00
93			JTG H11—2004	公路桥涵养护规范(05025)	30.00
94			JTG H12—2015	公路隧道养护技术规范(12062)	60.00
95			JTG H20—2007	公路技术状况评定标准(13399)	25.00
96			JTG/T H21—2011	★公路桥梁技术状况评定标准(09324)	46.00
97			JTG H30—2015	公路养护安全作业规程(12234)	90.00
98			JTG H40—2002	公路养护工程预算编制导则(0641)	9.00
99	加固设计与施工		JTG/T J21—2011	公路桥梁承载能力检测评定规程(09480)	20.00
100			JTG/T J21-01—2015	公路桥梁荷载试验规程(12751)	40.00
101			JTG/T J22—2008	公路桥梁加固设计规范(07380)	52.00
102			JTG/T J23—2008	公路桥梁加固施工技术规范(07378)	30.00
103	改扩建		JTG/T L11—2014	高速公路改扩建设计细则(11998)	45.00
104			JTG/T L80—2014	高速公路改扩建交通工程及沿线设施设计细则(11999)	30.00
105	造价		JTG M20—2011	公路工程基本建设项目投资估算编制办法(09557)	30.00
106			JTG/T M21—2011	公路工程估算指标(09531)	110.00
1	技术指南		交公便字〔2006〕02 号	公路工程水泥混凝土外加剂与掺合料应用技术指南(0925)	50.00
2			厅公路字〔2006〕418 号	公路安全保障工程实施技术指南(1034)	40.00
3			交公便字〔2009〕145 号	公路交通标志和标线设置手册(07990)	165.00

注:JTG——公路工程行业标准体系;JTG/T——公路工程行业推荐性标准体系;JTJ——仍在执行的公路工程原行业标准体系。